CW01653244

Copyright © by Agnieszka Maciąg

Opieka redakcyjna: Magdalena Oczachowska

Opracowanie redakcyjne: Lucyna Olszewska / Akcja: Redakcja

Koncepcja artystyczna: Agnieszka Maciąg i Robert Wolański

Opracowanie graficzne książki i łamanie: Agata Gruszczyńska / Pracownia Register

Adiustacja i korekta: Joanna Mika-Orządała

Fotografie: front okładki, przednia wyklejka, s. 6–7, 12, 22, 36, 41, 42, 45, 54, 73, 74–75, 77, 93 (górne po prawej), 106, 134, 147, 155, 164, 167, 175, 178, 182, 185, 189, 195, 199, 203, 208, 223, 235, 242–243, 244–245, 274, 278, 288, 296, 298, 301, 306, 314, 317, 318 – © Robert Wolański; pozostałe fotografie – © Agnieszka Maciąg

Projekt okładki: Eliza Luty

Promocja książki: Karolina Ołownia

ISBN 978-83-7515-289-0

OTWARTE

www.otwarte.eu

Zamówienia: Dział Handlowy, ul. Kościuszki 37, 30-105 Kraków,
tel. (12) 61 99 569
Zapraszamy do księgarni internetowej Wydawnictwa Znak,
w której można kupić książki Wydawnictwa Otwartego: www.znak.com.pl

Wydawnictwo Otwarte sp. z o.o.,
ul. Smolki 5/302, 30-513 Kraków. Wydanie I, 2014. Dodruk 2016.
Druk: Abedik, Poznań

E-booki dostępne na

woblink.com

SMAK MIŁOŚCI

SPIŻARNIA

CZYLI

MAŁE DOMOWE PRZETWORY

Sto procent natury, smaku i miłości. Nie da się tego kupić za żadne pieniądze! Kwintesencja domowych aromatów.
Zamykam w słoikach nie tylko odrobinę lata i słońca, ale również ciepłe myśli o nadchodzącej zimie i moją troskę o najbliższych, o ich zdrowie…

Ogórki kiszone moich rodziców

W moim rodzinnym domu w Białymstoku zawsze robiło się najpyszniejsze kiszone ogórki na świecie. Tato uprawiał ogórki w ogródku, który wspólnie pieliliśmy. Zbieraliśmy pachnące liście czarnej porzeczki i wiśni, aromatyczne kwiaty dojrzałego kopru, świeży czosnek i chrzan. Mama układała to ciasno w słoikach (nikt nie robi tego lepiej od niej!) i zalewaliśmy całość gorącą wodą z solą. Ogórki dojrzewały, przechodziły aromatem przypraw. Przez całą zimę były twarde i chrupiące. Takie jak lubię.
Do kiszenia potrzebne są ogórki jędrne, twarde, świeże, niezbyt duże i nieprzerośnięte. Najlepiej przyniesione prosto z ogrodu. Wtedy po ukiszeniu będą naprawdę dobre! Te kupione na targu trzeba najpierw dobrze wymoczyć w zimnej wodzie i każdy z osobna dokładnie wyszorować szczoteczką.

SKŁADNIKI

jędrne ogórki
woda
sól
korzeń chrzanu
czosnek

koper (łodygi razem z kwiatami)
liście wiśni
liście czarnej porzeczki
kilka ziaren czarnego pieprzu

WYKONANIE

Na dnie każdego, dobrze umytego i wyparzonego, słoika ułóż kawałek obranego korzenia chrzanu, zwinięty pęczek kopru (gałązki z kwiatami), kilka obranych ząbków czosnku, liście wiśni i czarnej porzeczki. Można dodać kilka ziaren czarnego pieprzu.
Na tym ciasno ułóż ogórki. Całość zalej wrzącą wodą z solą w proporcji: 1 litr wrzącej wody na 1 pełną łyżkę soli. Przed zalaniem ogórków trzeba dokładnie rozpuścić sól w wodzie.
Zalej ogórki wrzącą zalewą, dokładnie je przykrywając.
Mocno zakręć słoiki i ustaw je do góry dnem.
Można je odwrócić dopiero wtedy, gdy zupełnie wystygną.

Gruszki w occie

Kojarzą mi się z dzieciństwem i świętami Bożego Narodzenia, ponieważ wtedy obowiązkowo pojawiały się na stole pierwszego dnia świąt – towarzyszyły doskonałemu pasztetowi mojej mamy. Dosłownie wszystko było własnej roboty, włącznie z pieczeniami i domowymi wędlinami.
Te gruszki, ostry chrzan tarty z poświęceniem przez mojego tatę, pasztet i sałatka jarzynowa – to jedne z najbardziej ulubionych smaków mojego dzieciństwa. Nie wiem, jak dziękować za nie moim rodzicom…

SKŁADNIKI

1 kg gruszek

zalewa:
1 kg cukru
1 szklanka octu 10 procent
goździki i kawałek kory cynamonu

WYKONANIE

Zagotuj składniki zalewy, aż powstanie gęsty syrop. Dodaj do niego oczyszczone, obrane i pokrojone na kawałki gruszki. Podgotuj i wyłącz ogień. Odstaw na cały dzień.
Następnego dnia całość ponownie zagotuj i wrzące przełóż do wyparzonych wcześniej słoików. Dokładnie zakręć i ustaw do góry dnem. Odwróć je dopiero wtedy, gdy wystygną.
Nie trzeba ich pasteryzować.

Grzybki w occie

Jeszcze jeden przepis mojej mamy. Moim zdaniem te proporcje zalewy są idealne – grzybki nie są ani za kwaśne, ani zbyt słodkie. Po prostu świetne.

SKŁADNIKI

1–2 kg leśnych grzybów (na przykład borowików, podgrzybków, opieńków)

zalewa:
1 szklanka octu 10 procent
3 szklanki wody
1 łyżka soli morskiej
½ szklanki cukru
ziele angielskie, listki laurowe, ziarna czarnego pieprzu według uznania

WYKONANIE

Grzyby dokładnie oczyść, umyj (opieńki trzeba przelać trzy razy gorącą wodą, aby usunąć śluz) i podgotuj w wodzie (około 10 minut) z odrobiną soli. Dokładnie odcedź na sicie. Wszystkie składniki zalewy zagotuj.

Obgotowane wcześniej grzyby wrzuć do gorącej zalewy i gotuj na średnim ogniu przez 15 minut. Następnie gotujące się grzyby przełóż do wyparzonych wcześniej słoików. Dokładnie zakręć i ustaw do góry dnem. Odwróć je dopiero wtedy, gdy wystygną. Nie trzeba ich pasteryzować.

Cukinia w occie curry

Ten przepis dostałam od pana Janka, który dostał go od swojej koleżanki. Ja przekazałam go mojej mamie w Białymstoku, a ona swojej przyjaciółce, która dalej przekazała go swojej córce we Wrocławiu, a ona podała go…
Uwielbiam, jak dobre przepisy krążą z rąk do rąk!

SKŁADNIKI

2 kg cukinii
liście selera
4 średniej wielkości cebule

zalewa:
1 litr wody
1 szklanka octu 10 procent
1 i ½ szklanki cukru
1 i ½ łyżki soli morskiej
3 płaskie łyżeczki przyprawy curry

WYKONANIE

Cukinię umyj, usuń gniazda nasienne, jeśli trzeba to obierz ją ze skórki (tylko wtedy, gdy jest bardzo twarda a skóra gruba), a następnie pokrój na paski długości około 5 cm.
Do każdego litrowego słoika włóż 3 duże, świeże liście selera i 1 średniej wielkości cebulę pokrojoną na plastry. Układaj warstwami na zmianę cukinię z cebulą. Zalej gorącą zalewą. Pasteryzuj przez 5 minut od chwili zagotowania.

Ogórki w zalewie octowo-musztardowej

Ten przepis mam od pani Kasi, a ona dostała go od teściowej...

SKŁADNIKI

1–2 kg małych twardych ogórków

zalewa:
4 szklanki wody
1 szklanka octu
1 szklanka cukru
2 łyżki soli morskiej
2 łyżki musztardy

WYKONANIE

W słoikach poukładaj małe i jędrne ogórki z dodatkiem ziaren ziela angielskiego, liści laurowych, całych ziaren pieprzu czarnego i kilku listków czarnej porzeczki.
Wszystkie składniki zalewy zagotuj i gorącym wywarem zalej ułożone w słoikach ogórki. Pasteryzuj 5 minut od chwili zagotowania wody.

KILNER

Dynia marynowana z imbirem i cynamonem

A to przepis z Nowego Jorku. Słodka dynia z dodatkiem kwaśnego octu, ostrego imbiru i wonnego cynamonu to wspaniała kompozycja. Pyszna jako dodatek do przekąsek, sałatek i dań głównych z makaronu lub ryżu, a także potraw z kurczaka. Doskonała z kawałkiem koziego sera.

SKŁADNIKI

około ¾ kg oczyszczonej, obranej i pokrojonej na kawałki grubości około 1,5 cm dyni
2 szklanki jasnego octu winnego
2 szklanki wody
375 g cukru
1 łyżeczka soli morskiej
10 ziaren ziela angielskiego
2 laski cynamonu
10–12 ziaren czarnego pieprzu
kawałek korzenia imbiru o długości 6 cm
4 listki laurowe

WYKONANIE

Wszystkie składniki (z wyjątkiem dyni) wrzuć do garnka. Wymieszaj dokładnie, by cukier całkowicie się rozpuścił, i powoli doprowadź do wrzenia. Dodaj dynię i gotuj na wolnym ogniu tak długo, aż dynia stanie się całkiem miękka, ale nadal jędrna. Następnie umieść dynię w wyparzonych słoikach i zalej wrzącym syropem. Dokładnie zakręć i odwróć do góry dnem na co najmniej 5 minut. Przechowuj około 6 miesięcy. Po otwarciu słoik trzymaj w lodówce.

Marmolada z cebuli

Jest to oryginalny przepis, który przywiozłam prosto z Londynu. Uwielbiam tę marmoladę! Smaruję nią pełnoziarniste pieczywo lub używam jako dodatek do serów.

SKŁADNIKI

1,8 kg obranej i drobno pokrojonej cebuli
100 ml oliwy z oliwek
1 łyżeczka tymianku
150 g cukru
150 ml czerwonego wina
6 łyżeczek czerwonego octu winnego
sól morska i czarny pieprz do smaku

WYKONANIE

W dużym garnku o grubym dnie podgrzej oliwę i tymianek, dodaj posiekaną cebulę i podsmażaj na średnim ogniu przez 5 minut. Uważaj, by cebula nie stała się brązowa (zbyt przysmażona), ponieważ marmolada będzie gorzka.
Zmniejsz ogień, przykryj pokrywką i duś przez 20 minut.

Zdejmij pokrywkę, dodaj cukier, wino, ocet, przyprawy i wymieszaj, a następnie duś na wolnym ogniu przez kolejne 20–30 minut, od czasu do czasu mieszając.
Gdy marmolada stanie się gęsta, przełóż ją do wyparzonego słoika. Przechowuj w lodówce szczelnie zamkniętą.

Pasta z suszonych pomidorów

Najbardziej smakuje mi jako dodatek do pełnoziarnistego pieczywa lub do mojego ajurwedyjskiego chlebka bez pszenicy. Świetnie pasuje też do różnego rodzaju serów.

Suszone pomidory w oliwie miksuję blenderem (nie powinny być zbyt miękkie i tłuste) z dodatkiem czosnku i ziół (na przykład tymianku, cząbru, hyzopu). Tak powstaje pasta, którą przekładam do słoiczka i przechowuję w lodówce.

Domowe powidła z wiśni

W ten sam sposób co z wiśni robię powidła ze śliwek i czarnych porzeczek. Nie wiem, które z nich są najlepsze, ponieważ wszystkie smakują wybornie. Powidła z wiśni są najmniej „ekonomiczne", ponieważ mają bardzo dużo soku i czasem z kilku kilogramów owoców powstaje zaledwie kilka niewielkich słoiczków. Są jednak bezcenne – zdrowe, a przy tym bardzo smaczne!

SKŁADNIKI

2 i ½ kg wiśni
cukier do smaku

WYKONANIE

Ciemne, dojrzałe i jędrne wiśnie dokładnie umyj w zimnej wodzie i osusz na sicie. Wydryluj (ja używam ręcznej drylownicy). Ułóż na włożonym w garnek sicie, by spłynął sok. Możesz go wypić (jest przepyszny i bardzo zdrowy!), zrobić z niego kompot lub sok z cukrem na zimę.
Odsączone wiśnie umieść w garnku o grubym dnie (koniecznie, w przeciwnym razie powidła mogą się przypalić). Wiśnie zagotuj i trzymaj na średnim ogniu przez 20–30 minut, często mieszając.
Dodaj cukier (niezbyt dużo, resztę dodasz ostatniego dnia), wymieszaj i ponownie podgrzewaj na średnim ogniu około 15–20 minut, często mieszając. Wyłącz ogień i zostaw odkryty garnek, by sok odparował, a wiśnie dokładnie przestygły.
Wiśnie podgrzewaj w ten sposób przez kolejne trzy dni, na małym ogniu, często mieszając od dna (aby nie przywierały i się nie przypalały).
Ostatniego dnia dodaj taką ilość cukru, jaka ci odpowiada, i całość, mieszając, ostrożnie zagotuj.
Zrób test: 1 łyżkę powideł przełóż na talerzyk i odstaw do wystygnięcia. Jeśli są rzadkie, to nadal gotuj na małym ogniu, często mieszając. Jeśli mają gęstą konsystencję, to lekko gotujące się powidła przekładaj łyżką do wyparzonych słoików. Zakręć je i ustaw do góry dnem, aby wystygły. Powideł nie trzeba pasteryzować.

Każde zakończenie jest nowym początkiem. Wysyłam tę książkę w świat… Nie wiem, do kogo dotrze. Jestem jednak pewna, czuję to całą sobą, że trafi w dobre ręce – Twoje.

Pisząc ją, myślałam o moich najbliższych. O rytmie świata i kole życia. O tym, co dostajemy i co dajemy. Co do nas wraca, byśmy znów mogli dawać. Myślałam o moim życiu, za które jestem wdzięczna. Dziękuję za to, że dane mi było cierpieć i się radować, podróżować i widzieć różne barwy świata. Z tej perspektywy w pełni doceniam wszystko, co mam. Najbardziej jednak wdzięczna jestem za miłość.

Myślałam też o Tobie, moja droga Czytelniczko-Przyjaciółko. Puszczam teraz w świat dobrą energię miłości. Niech płynie do Ciebie. I otwiera na to, co jasne i piękne.

Do zobaczenia, do następnej książki. Życzę Ci spełnienia.

Agnieszka ♡

Zapraszam Cię na moją stronę internetową: **www.agnieszkamaciag.pl**

SPIS POTRAW

AGNIESZKA
MACIĄG

SMAK MIŁOŚCI

zdjęcia

Agnieszka Maciąg i Robert Wolański

OTWARTE

KRAKÓW 2014

Książkę tę dedykuję Tobie
oraz
moim wspaniałym rodzicom – mamie Wandzie i tacie Jankowi,
moim ukochanym dzieciom Helence i Michałowi,
mojemu cudownemu mężowi i przyjacielowi – Robertowi,
moim kochanym braciom Andrzejowi i Krzysiowi,
a także Małgosi, Karolinie, Zbyszkowi i Iwonie.

Składam podziękowania mojej niezrównanej położnej, przyjaciółce i mądrej kobiecie – Ewie Janiuk. Drogiemu panu Jankowi, paniom Kasi i Eli, którzy tak dzielnie wspierali mnie podczas pisania tej książki. Oraz panu Janowi Rybkowskiemu, który mnie uratował i przywrócił do życia.

Dziękuję, że jesteście w moim życiu!
Dzięki Wam znam prawdziwy smak miłości.

Agnieszka

SPIS TREŚCI

List do samej siebie

Jestem w naszym Domu Marzeń. Za oknem szumi letni deszcz. Czuję zapach obiadu, który gotuje się w kuchni. Helenka śpi.
Przeglądałam swoje pamiętniki sprzed lat. I zastanawiam się, jak to możliwe, że spełniły się wszystkie moje marzenia, które wydawały się tak nierealne.

To był czas samotności, której ból pamiętam do teraz. Ale dzisiaj już nie boli. Samotność przemieniłam w miłość. Na początku nauczyłam się widzieć i doceniać to, co mam. Kwiat w wazonie. Kolor papryki. Zapach porów smażonych na maśle. Cud rosołu. Zdolność moich dłoni do tworzenia potraw i dzielenia się.
A najważniejsze, że nauczyłam się karmić samą siebie. Mądrze i troskliwie.
Koleżanki mówiły: „Nie chce mi się gotować dla jednej osoby, mogę zjeść byle co".
Ja też tak myślałam.

Ale kim jest ta JEDNA osoba? Kim dla Ciebie jest TA osoba?
Pomyślałam wtedy, że naukę mądrej, dobrej, głębokiej miłości powinnam zacząć właśnie od niej.
Ja. Wszystko i nic. Wszechświat i ziarnko piasku.
Przytuliłam siebie. Nakarmiłam. Pokochałam. I w moim życiu zaczęły się dziać cuda.
Teraz mogę karmić innych.

zaplatam włosy w dzikie wino
kwitnie we mnie maciejka i łubin
zielony groszek i kwiaty pomarańczy
moja głowa pełna jest wiatru
w ustach czuję smak miłości

HAPPY
DAYS

Jak smakuje miłość?

Ta historia zaczyna się w kuchni. Gdy byłam mała, babcia Ania sadzała mnie na stole i zagniatała ciasto na makaron. Ze zdumieniem przyglądałam się, jak sypka mąka zamienia się w elastyczną masę. Uginała się pod dotykiem moich małych paluszków, by zaraz powrócić do kształtu uformowanego przez sprawne dłonie babci. Pamiętam wałkowanie, krojenie, gotowanie. I poczucie dziecięcej dumy, że z różnych, osobnych składników stworzyłyśmy nową całość, w dodatku pyszną!

W moim rodzinnym domu zawsze pachniało jedzeniem, już od samego rana. Mama pracowała w biurze projektów, ale gdy tylko mogła odejść od stołu kreślarskiego, biegła do domu i zamieniała się w boginię domowego ogniska. Często wstawała o świcie i jeszcze przed wyjściem do pracy piekła ciasto. Z łóżek wyciągał nas słodki zapach przypraw i drożdży. Mama przeszła dobrą szkołę – mój pradziadek i dziadek byli świetnymi cukiernikami, a wujkowie doskonałymi piekarzami. Nic dziwnego, że zasłynęła jako mistrzyni domowej kuchni.

Siłą rzeczy ja również uczyłam się gotowania od najmłodszych lat. Obierałam, tarłam, kroiłam, siekałam, ugniatałam, ubijałam, ucierałam, smażyłam, piekłam i dusiłam. Przyprawiałam. Glazurowałam, lukrowałam i posypywałam. Uczyłam się kuchni krok po kroku, każdego dnia, by jako nastolatka całkiem nieźle sobie w niej radzić. Gotowałam i piekłam dla moich koleżanek i kolegów. Zbierałam przepisy, poznawałam polską tradycję i kulinarne nowości. Ale nie ominął mnie czas buntu – przestałam gotować. Bo jaki sens ma poświęcanie tak ogromnej ilości czasu potrawom, które zjada się w kilka minut? I co po nich pozostaje? Bałagan! A ja chciałam poświęcić się zajęciom, które pozostawią po sobie trwalszy ślad. Przecież zjeść można byle co…

Musiałam przejść przez ten okres, by prawdziwie docenić wartość domowych posiłków. Zauważyłam, że podczas gotowania wszystko się w mojej głowie układa. Wydarzenia i sprawy wracają na swoje miejsce, nabieram do nich dystansu. Porządkują się wartości. Wiem, co naprawdę jest ważne. Musiałam też poczuć, że dom bez kuchni nie jest prawdziwym Domem. Brakuje mu serca. Zrozumiałam, że we wspólnym domowym posiłku pięknie spełnia się codzienność. Nasze życie składa się z chwil. Ich ulotność stanowi o ich wartości. Trwałe jest tylko to, co w nas zostaje – uczucia, emocje. To one pozostawią ślad w naszych duszach, na zawsze, wpisane w nas jak linie papilarne. Tylko dla nich warto żyć.

Julia Child powiedziała kiedyś: „Ci, którzy nie gotują, są zdania, że inwestowanie dwóch godzin pracy w dwie minuty przyjemności jest niemądre. Jeśli gotowanie jest ulotne, to balet również. Gotowanie może być równie twórcze i pełne wyobraźni jak rysowanie, rzeźbienie w drewnie czy muzykowanie. Inwencja w gotowaniu czerpie soki z każdej dziedziny". Dzisiaj w zupełności się z nią zgadzam. Musiałam jednak do tego dojrzeć.

Ukończyłam Liceum Sztuk Plastycznych w Supraślu. Wybór specjalizacji zdumiał moich rodziców: tkanina artystyczna. Nie wyobrażali sobie, jak osoba z tak dużym temperamentem, która nie potrafi usiedzieć w miejscu, będzie w stanie spędzać nieskończenie długie godziny przy krośnie, by z cienkich nitek stworzyć wielką tkaninę. Nitka po nitce, milimetr po milimetrze... Ja jednak całą sobą wiedziałam, że na tym etapie mojego życia pragnę robić właśnie to i nic innego. Poszłam tą drogą, z pozoru sprzeczną z moją żywą osobowością, co okazało się bardzo ważną częścią mojego rozwoju. Uwielbiałam cały proces twórczy, który wymagał ogromnej koncentracji, cierpliwości i siły woli, aby wizja mogła się okazać rzeczywistością, być czymś namacalnym, czym mogę się podzielić z innymi.

By tak mogło się stać, potrzebne też było całe zaplecze w postaci szkicowników, kartonów, kredek, farb, ołówków... Dokładnie tak samo jest w kuchni, która jest twórczym warsztatem naszej codzienności.

Żadna restauracja, nawet najlepsza, najbardziej renomowana i ceniona, z wywalczonymi w pocie czoła gwiazdkami Michelina, nie da nam tego co domowy posiłek. Największy komplement, jaki może usłyszeć restaurator, to: „Smakowało tak jak w domu!". Wspaniałego gotowania uczą nas nie szefowie kuchni, ale mamy, babcie, ciocie i przyjaciółki. Wielka rodzina kobiet, które wspierają się, dzielą i kochają, bez potrzeby konkurowania ze sobą. Kobiece gotowanie to przejaw czystej miłości. W domowej kuchni nie ma miejsca na sztywny mundurek, pośpiech, pokrzykiwanie, układanie idealnych piramid na talerzach i bezustanne poszukiwanie efektu zadziwienia. Przeciwnie – nasza kuchnia jest miejscem, w którym odpoczywamy, wypuszczamy z siebie powietrze. Gotowanie jest jak smakowanie życia w jego najgłębszych przejawach, dzielenie się, dopieszczanie. Myślenie o tych, których kochamy.

Marzenia przy kuchennym stole

Gdy mój syn Michał był mały, nie tylko lubił jeść przygotowane przez mnie potrawy, ale również spędzać ze mną czas w kuchni. Zwłaszcza zimą, gdy na dworze było zimno i szaro, nasza kuchnia zamieniała się w przytulną oazę ciepła i ukojenia.

Podczas wspólnego gotowania i jedzenia opowiadał mi o tym, co przeżywa, co go boli, a co cieszy. Mówił mi o swych marzeniach, planach i nadziejach, ale także o swoich obawach. To był NASZ czas, rozmowa przychodziła w sposób naturalny i łatwy. Wypływała z nas. Gotowanie stało się dla Michała czynnością tak oczywistą, że mając dziesięć lat, zaczął samodzielnie przygotowywać proste potrawy.

Rozpoczął tradycyjnie, jak większość z nas – od jajecznicy. Z biegiem czasu przekonał się, że z dwóch jaj można przyrządzić zdumiewającą liczbę różnych dań.

Michał często widział, jak powodowana ciekawością, z błyszczącymi oczami, przeglądam książki kucharskie, nowe i stare, przywiezione ze świata lub wyszperane w polskich antykwariatach. Jak z tymi książkami żywo dyskutuję, czasem się spieram albo kręcę głową ze zdumienia: „Ależ pomysł! To tak również można to zrobić?! Nie wpadłabym na to!". Następnie rozkładam kuchenne przybory i z zapałem zabieram się do gotowania. Wspólnie zastanawialiśmy się, co z tego wyjdzie, i z niecierpliwością czekaliśmy na pierwszy kęs. Nowe pomysły, niespodzianka, przygoda – emocje z nimi związane towarzyszyły nam w kuchni. W byciu razem.

Nic dziwnego, że pewnego dnia poprosił mnie, bym kupiła mu jego własną, pierwszą książkę kucharską. Udało mi się znaleźć niewielką, pięknie wydaną książeczkę z prostymi potrawami, które samodzielnie mogą przyrządzić dzieci. Czytał ją wieczorem, gdy leżał już w łóżku, i z wypiekami na twarzy zastanawiał się, co rano zrobi sobie na śniadanie. Nie mógł się doczekać świtu, by jeszcze przed pójściem do szkoły samodzielnie upichcić sobie coś pysznego. Był nawet moment, gdy marzył o tym, aby zostać kucharzem, co trochę przeraziło niektórych członków naszej rodziny. Wiązali z nim większe nadzieje. Ale nie ja. Zawsze pragnęłam, by mój syn był szczęśliwy. Poznając różne kraje, ludzi i historie ich życia, przekonałam się, że szczęśliwi jesteśmy tylko wtedy, gdy robimy to, co naprawdę kochamy. Gdy postępujemy w zgodzie z naszym powołaniem i przeznaczeniem. Każdy z nas, bez wyjątku, takie powołanie posiada. Musimy je tylko odkryć. Na tym polega nasze wyzwanie – odkrycie, co nim jest. To często najtrudniejsze zadanie naszego życia.

Michał ma zostać kucharzem…? Dobrze. Byłam gotowa posłać go do szkoły gastronomicznej. Zanim jednak ukończył gimnazjum, stracił zapał do gotowania. W liceum zainteresowała go sztuka, muzyka, historia starożytnego Rzymu. I ekonomia, i polityka. Czasami było mi żal, że zerwał z gotowaniem, ale wiedziałam, że musi iść własną drogą. Przechodził czas buntu – podobnie jak ja kiedyś.

Podczas naszych wspólnych podróży poznawał jednak smaki świata. Placki z cukinii w Turcji, krewetki i ryby w Grecji. Curry kebab w Niemczech, który zjedliśmy na ulicy, brudząc sobie buzie sosem i oblizując palce. W Rzymie zachwyciło go pesto, świeżo zrobione z bazylii, która urosła w promieniach włoskiego słońca. Buffalo mozzarella delikatnie rozpływająca się w ustach, wyrazisty w smaku parmezan, warzywa i owoce, które kupowaliśmy rano na targu przy Campo de' Fiori. Gdy minął mu czas buntu, zaczął robić pizzę na własnoręcznie zagniecionym cieście. Wypróbował wiele przepisów, różnych rodzajów mąki, aż znalazł swój własny sposób, idealny. Na dwudzieste urodziny wymarzył sobie szamotowy kamień do pieczenia pizzy.

Dzisiaj świetnie gotuje potrawy z różnych stron świata, zwykle to, co najbardziej lubi jeść. Cierpliwie i z wyczuciem przygotowuje ryż na sushi, piecze tartę cytrynową i przyrządza własne intensywne sosy do makaronów. A ja wiem, że dałam mu to co najważniejsze – wiarę we własne możliwości. Kuchnia to wbrew pozorom niezwykle ważna część nauki życia. Wzmacnia poczucie własnej wartości, bo szybko widać efekty naszych wysiłków. Gdy mały Michał stwierdził: „Nie umiem robić naleśników", odpowiedziałam mu: „Oczywiście, że nie umiesz, bo nigdy ich nie robiłeś, ale zaraz możesz się nauczyć". I godzinę później siedzieliśmy przy stole, jedząc jego pierwsze w życiu naleśniki. Był z siebie dumny, a ja byłam dumna z niego. „Następnym razem zrobię lepsze!", postanowił. W ten sposób uczył się cierpliwości w dochodzeniu do najlepszych efektów. Dowiadywał się też, że każdy błąd można przemyśleć, wyciągnąć z niego wnioski i naprawić. „Nie ma co płakać nad rozlanym mlekiem!". To powiedzenie, rodem z domowej kuchni, bardzo się przydaje w różnych chwilach. Gotowanie jest wspaniałą szkołą życia!

Teraz, patrząc z perspektywy, widzę, jak bardzo zbliżyło nas do siebie to wspólne przygotowywanie potraw. Głęboką więź i przyjaźń z dzieckiem możemy nawiązać tylko za sprawą czasu, który wspólnie spędzamy. Zabawy, rozmowy, bycie razem i dzielenie się. Nie potrafię sobie wyobrazić mojego macierzyństwa bez wspólnego gotowania i rozmów przy kuchennym stole. Zrezygnowałam z wielu ekscytujących wyjazdów, by móc być z synem w prostej codzienności. Odrzuciłam zagraniczne kontrakty, nie bojąc się, że coś mi umknie. Przeciwnie, dbałam, by nie uciekło mi to co najważniejsze – życie. Pieczenie ciastek i jedzenie ich na kanapie z kubkiem gorącego mleka. Przytulanie, czytanie, wspólne oglądanie filmów i rozmowy. To, co wtedy zasiałam w moim synu, dzisiaj w nim procentuje – widzę to.

Idąc tą drogą – w dzisiejszym świecie mało popularną i niezbyt dobrze rozumianą – zawsze czułam nad sobą anielskie skrzydła. Kiedy zamykały się przede mną jedne drzwi, zaraz otwierały się inne. Jestem pewna, że gdy idziemy za głosem serca, jesteśmy wspierani, a wszechświat troszczy się o nas w sposób, którego nie jesteśmy w stanie przewidzieć.

Michał podążył za swoimi marzeniami. Dzisiaj studiuje we Włoszech. Sam wypracował sobie stypendium, chociaż gdy był w liceum, martwiłam się, czy sobie poradzi z maturą. W życiu jest jak w kuchni – jak sobie ugotujesz, tak się najesz. Michał już o tym wie.

Życie z czułością zatacza koło

Dziś moja mała Helenka siedzi na kuchennym stole obok mojej mamy – tak samo jak ja kiedyś siedziałam obok swojej babci. Patrzę na to z uśmiechem i nieskończoną wdzięcznością w sercu. Poprzez pokolenia przekazujemy sobie miłość i troskę. Dopiero dzisiaj potrafię to w pełni docenić.

Helenka od urodzenia towarzyszy mi podczas gotowania. Najpierw nosiłam ją w chuście, przyklejoną do piersi, a ona ze zdumieniem przyglądała się temu, co robię. Odkrywała pierwsze aromaty i dźwięki gotujących się potraw. Stopniowo musiałam ją przyzwyczajać do odgłosów stukających garnków i spadających pokrywek. Gdy troszkę podrosła, siedziała obok mnie w dziecięcym krzesełku i bawiła się metalowymi miseczkami i kubkami.

Teraz biega po kuchni zadowolona, ze świeżym ogórkiem, kwaśnym rabarbarem lub ostrym szczypiorkiem w ręku. Bawi się przyprawami, jabłkami, cebulą, cytryną i ząbkami czosnku. Ciągle poznaje nowe smaki i zapachy. Świat kuchennych odkryć jest nieskończony!

Bardzo się trudzi, żeby obrać twarde strąki bobu. Zanurza rączki w misce pełnej świeżo wyłuskanego groszku, śmiejąc się przy tym w głos. Ma usta czerwone od wiśni, jagód i winogron, które rosną na płocie naszego ogródka. Wyrywa z ziemi marchewkę i buraczki na zupę. Do koszyczka zbiera poziomki i borówki. Odważnie wkłada do ust listki świeżej mięty. Z ziół układa swoje pierwsze pachnące bukiety. Często łapie mnie za kolano, domagając się, bym wzięła ją na ręce i pokazała, jak w garnku gotują się powidła lub zupa.

Ze swoich małych garnuszków karmi dziecięcą łyżeczką pluszowego misia, szmacianą lalę, króliczka i małpkę. Dzieli się miłością. Tak jak my dzielimy się z nią, gotując dla niej najpyszniejsze potrawy.

Uwielbiamy wspólne gotowanie. To jest NASZ czas, w którym Rodzina codziennie znajduje spełnienie.

Co potrafi kochany mężczyzna

Często słyszę od mojego męża, że marzy o tym, by mieć swoją restaurację i karmić ludzi. W kuchni zachowuje się niczym prawdziwy zawodowiec. Z precyzją tnie i sieka, wymachując ostrymi, japońskimi nożami, które sprowadza z drugiego końca świata. Ciągle ma nowe pomysły. Najdziwniejsze jest to, że wszystko mu się udaje. W kuchni jest tak samo twórczy jak podczas sesji zdjęciowych. Jednym słowem – artysta.

Nie dotyczy to jednak pieczenia ciast. Tym się nie zajmuje. Mimo to pewnej nocy, kilkanaście dni po przyjściu na świat naszej Helenki, wybudził mnie ze snu zapach pieczonego ciasta – wypełniał cały dom. Roberta nie było w łóżku. Co się dzieje?, pomyślałam zdziwiona. Cichutko weszłam do kuchni i bezszelestnie stanęłam w drzwiach. Mój mąż, w kuchennym fartuszku, ze ścierką w ręku, biegał z obłędem w oczach pośród rozgardiaszu. Nigdy nie widziałam go w takim stanie. „Co robisz, kochanie? – zapytałam. – Jest dwunasta w nocy. Nie kładziesz się spać?” Nie zanosiło się na to. Robert zatrzymał się zaskoczony moją obecnością, po czym ruszył na mnie ze ścierką: „Ty tutaj? Natychmiast idź spać!". Starał się przepędzić intruza, którym właśnie się stałam. We własnym domu!

Wróciłam do łóżka, śmiejąc się i martwiąc jednocześnie. Jutro są moje urodziny, pomyślałam, na pewno przygotowuje dla mnie niespodziankę, ale wyraźnie z tym sobie nie radzi. Rano będzie zmęczony i niewyspany. Uśmiechnęłam się w duchu do swojego Anioła Stróża, prosząc, by go wsparł, skoro ja nie mogę.

Następnego dnia znów zakaz wstępu do kuchni! I wreszcie jest moja niespodzianka: urodzinowy tort. W wykonaniu Roberta! To cud! Anielska pomoc jest niezawodna. „Boże, kochanie, ty sam go zrobiłeś?! Myślałam, że pieczesz dla mnie jakiś wyjątkowy i bardzo skomplikowany chleb. A to jest tort!" Byłam wzruszona. „Tak, w dodatku sam zrobiłem trzy rodzaje kremów! Ale najpierw pomyśl życzenie i zdmuchnij świeczki".

Tak uczyniłam i po chwili zaczęłam przyglądać się kawałkowi, który mi ukroił. Kilka kolorowych warstw: biszkopt, krem czekoladowy, biszkopt, krem śmietankowy, zakalec, krem truskawkowy. Zaczęłam się głośno śmiać. „Miałeś kłopot z biszkoptem?" „Co ja przeszedłem! Najpierw urósł, a potem zupełnie opadł. Musiałem upiec od nowa. W nocy dzwoniłem do twojej mamy z prośbą o przepis, bo ten, który znalazłem w internecie, zupełnie się nie sprawdził. Placek, który opadł, użyłem jako jedną z warstw. Chyba może być, prawda? – tłumaczył mi z dumą. – Drugi placek był już piękny i mogłem go przekroić na pół. Ale później rozwarstwił mi się krem! Chciałem zrobić lekki, z bitej śmietany, taki jak lubisz. Musiałem ubijać od nowa. I na to wszystko zjawiasz się ty. Och, co ja tu miałem! Ale tort ci smakuje?".

Spojrzałam na niego ze łzami w oczach: „To jest najlepszy tort, jaki jadłam w życiu".

W serdecznym kręgu kobiet

Iwona, moja cudowna przyjaciółka i nauczycielka jogi, podczas pełni księżyca zapraszała (piszę to w czasie przeszłym, ponieważ Iwona jest teraz w Kanadzie) do siebie swoje uczennice, koleżanki i znajome na wspólną kobiecą medytację. Po niej odbywało się „przyjęcie". Rozmawiałyśmy, śmiałyśmy się, czasem pocieszały, jedząc potrawy, które każda z nas przygotowała na ten wieczór. Nigdy się nie umawiałyśmy, jakie dania przyniesiemy. Kierowałyśmy się zasadą, że każda zrobi takie, na jakie danego dnia ma ochotę i na jakie ją stać. To ważne, ponieważ były wśród nas osoby i zamożne, i o skromnych dochodach. Panie prezes, artystki i kobiety wykonujące najprostsze zawody. Szczupłe i o obfitych kształtach, młode i w starszym wieku, wysokie i nieduże. Ćwiczące jogę i takie, które z trudem podnosiły do góry rękę lub nogę. Cały kobiecy świat!

Podczas tych wieczorów na naszym stole królowały potrawy bezmięsne, zwykle proste i zawsze pyszne, pełne ciepła i kobiecego serca. Nigdy nie zapomnę naszego spotkania przed świętami Bożego Narodzenia. Był mak, bigos, fasola jaś z czosnkiem i natką pietruszki, była kutia i... pojawiła się wegetariańska choinka.

W kuchni panowało zamieszanie. Każda z nas, śmiejąc się i głośno mówiąc, wykładała na półmiski swoje specjały. W pewnej chwili jedna z dziewczyn, Zuza, oznajmiła, że potrzebuje trochę przestrzeni i spokoju, aby się skupić. Z plastikowego pojemnika zaczęła wyjmować ugotowane wcześniej buraki. Kroiła je w kwadraty, które wyglądały jak ciemnobordowe klocki. Precyzyjnie układała je w piramidę przypominającą świąteczne drzewko. Polała ją malinowym dressingiem i na buraczanych kostkach ułożyła kawałki starannie pokrojonego sera feta, białego jak śnieg. Gdy choinka stanęła na stole, zaniemówiłyśmy z wrażenia.

Nasze spontaniczne menu układało się zwykle w spójną, jakby precyzyjnie przemyślaną całość, co niezmiennie nas zadziwiało. Potrawy pasowały do siebie idealnie, czasem wspaniale się uzupełniały. Ale pewnego upalnego, czerwcowego dnia stojącego pod znakiem korków i zamieszania, zdarzyło się coś dziwnego.

Pomimo najszczerszych chęci nie byłam w stanie niczego przygotować. Nie miałam ani chwili wolnego czasu. Jadąc do Iwony, kupiłam więc najpiękniejszy bukiet prostych kwiatów i dwa kilogramy dorodnych, czarnych, słodkich czereśni. Stanęłam w drzwiach domu gospodyni, wręczając jej kwiaty i torbę owoców i przepraszając za brak potrawy. Iwona zaczęła się głośno śmiać i pociągnęła mnie do kuchni, po czym wskazała na piętrzące się w misach czereśnie. Kilkanaście kilogramów! Tego dnia żadna z nas nie przyniosła własnego dania i każda wpadała na ten sam „oryginalny" pomysł! Miałyśmy więc prawdziwie owocową ucztę. Plułyśmy pestkami do celu i czułyśmy się jak beztroskie dzieci. Było nam ze sobą dobrze – w grupie, która daje wzmocnienie i ofiarowuje bezinteresowną serdeczność.

SKARBY MOJEJ KUCHNI

Nie wyobrażam sobie dobrej domowej kuchni bez przypraw, aromatycznych mikstur, olejów i… rodzinnych sekretów kulinarnych. Zdradziły mi je moja mama, ciocie, przyjaciółki i inne wspaniałe kobiety, które spotkałam w swoim życiu na całym niemal świecie.
Świeże przyprawy i zioła uprawiam w ogródku i w doniczkach na parapecie. Suszone przywożę z całego świata.

GHEE, CZYLI MASŁO KLAROWANE

W domu unosi się ciepły zapach masła i orzechów. Spokój. W skupieniu robię ghee.
To ono tak pięknie pachnie. Powoli mieszam złocisty płyn drewnianą łyżką. I cicho śpiewam mantrę. Nauczyła mnie tego Iwona, znawczyni nie tylko jogi, ale i najzdrowszej kuchni – ajurwedyjskiej.
Masło klarowane uzdrawia, podobnie jak dobra energia moich myśli i śpiewu, które w nim zostaną.

W moim rodzinnym domu nie używało się masła klarowanego, nie znałam też żadnej osoby, która by je stosowała. Masło rozpuszczone – tak. Polewa się nim w Polsce niemal wszystko, od klusek po warzywa. Zbyt często, zbyt dużo, zbyt tłusto. Dlatego temat topionego masła zupełnie zignorowałam. Dzisiaj nie wyobrażam już sobie bez niego mojej kuchni.

Najprościej mówiąc, masło klarowane to masło oczyszczone. Podczas procesu powolnego podgrzewania warstwy substancji stałych (zanieczyszczeń) i ciekłych (najczystsze masło) oddzielają się od siebie. W efekcie otrzymujemy najzdrowszy tłuszcz, którego możemy używać do wszelkich celów kulinarnych. Ma bardziej wyrazisty, a jednocześnie delikatniejszy smak niż masło, z lekko orzechową nutą. Odrobina masła klarowanego dodana choćby do zwykłej kaszy gryczanej sprawia, że moja córeczka zjada ją z wielkim apetytem.

Współcześni naukowcy, zbadawszy właściwości masła klarowanego, potwierdzili to, co mistrzowie ajurwedy wiedzieli od tysięcy lat. Ghee działa łagodząco na układ trawienny, przyśpiesza gojenie ran, pomaga w żołądkowo-jelitowych stanach zapalnych. Nie podnosi poziomu cholesterolu we krwi. Zawiera kwas tłuszczowy o niezwykłych właściwościach przeciwnowotworowych. Podnosi w organizmie poziom substancji przeciwwirusowej zwanej interferonem. Poprawia wchłanianie oraz odżywczą wartość pożywienia. Wspiera funkcje odnowy fizycznej, a nawet mentalnej naszych organizmów.

Masło klarowane można przechowywać przez kilka tygodni, nawet poza lodówką. Jest pozbawione substancji stałych, więc nie jełczeje. Doskonałe dla całej rodziny – od niemowlaków po seniorów. Dodaję je do zup, warzyw, kasz, ryb i makaronów.

Jak zrobić masło klarowane?

Dobrej jakości, świeże i niesolone masło rozpuść w suchym garnku o grubym dnie, na średnim ogniu. Gdy się roztopi i lekko zagotuje, na wierzchu pojawi się piana. Wtedy ogień zredukuj do minimum i gotuj bez przykrycia, od czasu do czasu mieszając. Zbieraj łyżką to, co wypłynęło na powierzchnię. To są właśnie zanieczyszczenia, których chcemy się pozbyć. Uważaj, aby masła nie przypalić!

½ kg masła gotujemy 15 minut
1 kg masła – 30 minut

Gotowe masło klarowane powinno być przezroczyste i mieć złoty kolor. Przelej je przez gazę – by pozbyć się ciemnych, stałych substancji, które osiadły na dnie garnka – do szklanego lub ceramicznego naczynia. Nie powinno się go przykrywać, dopóki się nie ochłodzi do temperatury pokojowej. Odstawione w chłodne miejsce stężeje.
Z 1 kg masła otrzymamy około 0,8 kg masła klarowanego.

AROMATYCZNE OLIWY I OLEJE

Zakochałam się w nich podczas podróży po krajach śródziemnomorskich. Proste połączenie oliwy z czosnkiem i ziołami, a smak i aromat nadzwyczajne. Od wielu już lat aromatyczne oliwy zajmują obowiązkowe miejsce w mojej kuchni.
W specjalnej butelce z lejkiem łączę dobrej jakości, delikatną w smaku oliwę z oliwek z pierwszego tłoczenia extra virgin z obranym i pokrojonym w plastry czosnkiem oraz gałązkami różnego rodzaju świeżych ziół (czasem też suszonymi). Używam jej do polewania pieczywa (zamiast masła), makaronów, białego twarogu, serów, sałat oraz wszelkich świeżych, gotowanych i pieczonych warzyw.
Moje poszukiwania najzdrowszych produktów zaowocowały nowymi odkryciami. Teraz w mojej kuchni jest też obowiązkowo dobry olej lniany (lekko gorzkawy, należy przechowywać go w ciemnej butelce w lodówce) oraz delikatnie orzechowy w smaku olej arganowy. Oba mają wyjątkowe właściwości odżywcze oraz bardziej wyrazisty smak niż oliwa z oliwek, która oczywiście również potrafi być bardzo specyficzna – zwłaszcza ta pochodząca z Toskanii lub niektórych rejonów Grecji. Bywa ciemna, bardzo wonna, czasem wręcz gorzkawa.

Jak to zrobić?

Aby otrzymać pyszną, aromatyczną oliwę, wystarczy zanurzyć w niej kilka pokrojonych ząbków czosnku i odstawić na dobę. Można jednak zrobić coś bardziej wyrafinowanego i połączyć ją ze świeżymi lub suszonymi ziołami, na przykład rozmarynem, tymiankiem, bazylią, macierzanką, hyzopem, cząbrem, szałwią, czarnuszką, kolendrą czy proszkiem z suszonych pomidorów... Możliwości jest wiele, zależą wyłącznie od naszej wyobraźni.

MASEŁKA SMAKOWE

Masło wymieszane z roztartym ząbkiem czosnku i odrobiną ziół zamienia zwykłe pieczywo w wykwintną potrawę. Niezrównane na ciepłym toście. Masełka smakowe (podobnie jak oliwy) można robić na nieskończenie wiele sposobów. Zawinięte w pergamin i schłodzone w lodówce nabierają zupełnie innego wymiaru. Plasterek aromatycznego masła ułożony na pieczonej rybie lub gotowanych warzywach – poezja!

Masełko ziołowe

SKŁADNIKI

150 g miękkiego masła
1 łyżeczka drobno posiekanego koperku
1 łyżeczka drobno posiekanych listków świeżej bazylii
2 łyżeczki drobno posiekanej natki pietruszki
1 ząbek czosnku wyciśnięty przez praskę

WYKONANIE

Przełóż miękkie masło do miseczki, dodaj drobno posiekane zioła oraz czosnek i całość dokładnie wymieszaj widelcem. Łyżką równomiernie przełóż masełko na pergamin, uformuj równy rulonik i oba końce pergaminu zawiń jak cukierek. Masełko włóż do lodówki, bardzo szybko stwardnieje.
Schłodzone masełko możesz pokroić na talarki i położyć na ciepłe tosty, podgrzane bułeczki, gotowane warzywa, ziemniaki, pieczoną rybę, mięso, makaron lub pierogi.
Na kanapce doskonale smakuje z grubym plastrem pomidora, z grillowanymi warzywami lub pastą z bobu.

Masełko cytrynowe

SKŁADNIKI

100 g masła o temperaturze pokojowej
1 cytryna – skórka starta po wyszorowaniu i umyciu, wyciśnięty sok
szczypta soli morskiej, ½ łyżeczki białego pieprzu
1 łyżka drobno posiekanych listków świeżej kolendry
1 ząbek czosnku wyciśnięty przez praskę

WYKONANIE

Utrzyj masło z sokiem z cytryny i z czosnkiem, dodaj sól oraz wszystkie pozostałe składniki i dokładnie wymieszaj drewnianą łyżką. Wyłóż na pergamin i uformuj rulonik. Zwiń jego końce tak, jak się zawija cukierek, i schowaj do lodówki. Zimne plastry masła ułóż na ciepłych potrawach dla nadania im cudownego smaku i aromatu. Masełko cytrynowe idealnie pasuje do pieczonych lub grillowanych ryb.

Masełko z suszonymi pomidorami i świeżą bazylią

SKŁADNIKI

150 g miękkiego masła
3 łyżeczki drobno pokrojonych suszonych pomidorów marynowanych w oliwie
2 łyżeczki drobno posiekanych listków świeżej bazylii
1 ząbek czosnku wyciśnięty przez praskę
1 łyżeczka oliwy z suszonych pomidorów

WYKONANIE

Przełóż miękkie masło do miseczki, dodaj bardzo drobno posiekane suszone pomidory, listki bazylii, czosnek oraz oliwę z suszonych pomidorów. Całość dokładnie wymieszaj widelcem. Łyżką równomiernie przełóż masełko na pergamin, uformuj rulonik i oba końce pergaminu zawiń jak cukierek. Masełko włóż do lodówki, by stwardniało.
Schłodzone masełko możesz pokroić na talarki i położyć na ciepłe pieczywo, makaron, ryby czy pierogi.

CUDOWNA MIKSTURA MOJEJ MAMY

Dawno temu mama znalazła ten przepis w starych zapiskach. To specyfik wzmacniający organizm i remedium na wiele chorób (między innymi miażdżycę). Mama nazywa go „lekarstwem na wszystko". Wierzę jej na słowo. Jako naturalne lekarstwo należy przyjmować 3–4 łyżki mikstury dziennie.

To także wyśmienita marynata i doskonały dodatek do potraw – sałatek i sałat, ryb, drobiu, pieczonych warzyw, a nawet mięs. W kilku łyżkach takiej mikstury mama marynuje cielęcinę, a ja polewam nią mój ulubiony pasztet z cukinii.

W przepisie poniżej podaję oryginalne ilości, jednak ja robię mniejsze porcje – połowa wystarczy na długi czas. Miksturę należy przechowywać w lodówce. Warto również pamiętać, że olej lniany zachowuje swoje zdrowotne właściwości tylko spożywany na zimno.

Jeśli zdecydujesz się używać mikstury w celach kulinarnych, możesz oczywiście dokonać modyfikacji zgodnie ze swoimi upodobaniami. Ja wolę potrawy mniej słodkie. Można więc dodać sól lub sos sojowy oraz różne zioła. Tu podaję przepis podstawowy.

SKŁADNIKI

1 litr oleju lnianego
1 litr jasnego miodu płynnego (wielokwiatowy, akacjowy, lipowy)
sok wyciśnięty z 10 cytryn
10 główek czosnku wyciśniętych przez praskę

WYKONANIE

Wszystkie składniki połącz ze sobą w mikserze lub wymieszaj blenderem. Miksturę przelaną do słoika można przechowywać w lodówce tak długo, jak pozwala termin przydatności do spożycia oleju lnianego, który jest zwykle dosyć krótki. Najbardziej wartościowy jest olej lniany budwigowy.

DOMOWY DRESSING

Zawsze warto mieć w lodówce słoik dressingu własnej roboty. Przepis, który podaję poniżej – na dressing podstawowy – jest bardzo prosty. Goście jednak zwykle mnie pytają o składniki, bo jest pyszny!
Zmieści się do słoika o pojemności 350 ml.

SKŁADNIKI

240 ml dobrej oliwy z oliwek
70 ml soku z cytryny, dobrego octu jabłkowego lub balsamicznego
2 łyżki musztardy Dijon, 2–3 łyżki sosu sojowego jasnego
2–3 łyżki jasnego miodu płynnego (wielokwiatowy, akacjowy, lipowy)
3 ząbki czosnku wyciśnięte przez praskę, opcjonalnie sól morska do smaku

WYKONANIE

Wymieszaj wszystkie składniki (najlepiej blenderem) i przechowuj w lodówce. Przed użyciem energicznie wstrząśnij słoikiem.

GREMOLATA

Ten przepis przywiozłam z Florencji. Gremolata to bardzo prosta, włoska mieszanka, oryginalnie używana w klasycznym osso buco (gicz cielęca duszona w pomidorach i białym winie). Idealnie sprawdza się jako „kropka nad i" dodana w ostatniej chwili do fasolek, makaronów lub ryb, a nawet na kromkę świeżego chleba z oliwą.
Takie małe „niby nic", które jak za dotknięciem czarodziejskiej różdżki nadaje potrawom świeżości i charakteru.

SKŁADNIKI

2 łyżki skórki startej z dobrze wyszorowanej i sparzonej cytryny
1 pęczek posiekanej natki pietruszki
2–3 ząbki czosnku wyciśnięte przez praskę

WYKONANIE

Ocierając skórkę z cytryny, uważaj, aby ominąć jej białą (gorzką) część. Wymieszaj z drobno posiekaną natką pietruszki oraz czosnkiem. Używaj jako posypki, najlepiej w ostatnim momencie, aby gremolata była świeża i nie wysychała.

HARISSA

Ten tunezyjski ostry sos zrobił na świecie zawrotną karierę. Jego zastosowanie jest wszechstronne: świetnie komponuje się z rybami, warzywami, kaszami, roślinami strączkowymi, falafelem, mięsem, a nawet zupami. Łagodniejsza wersja (bez chili) również jest doskonała i nadaje się dla dzieci.
Słoiczki oryginalnej harissy z godnym podziwu uporem przywozi z podróży mój mąż. Po prostu za nią przepada i zawsze musi ją mieć w lodówce. A ja z Tunezji zamiast słoiczka przywiozłam ten przepis i sama zrobiłam ją w domu. Moja harissa jest mniej ostra niż oryginalna, ale taka bardziej mi odpowiada.

SKŁADNIKI

1 czerwona papryka
1 łyżeczka nasion kolendry
1 łyżeczka nasion kminku
1 łyżeczka nasion kuminu (kminu rzymskiego)
1 łyżeczka oliwy z oliwek
1 czerwona cebula drobno posiekana
1–2 ostre papryczki chili oczyszczone z nasion i bardzo drobno posiekane (może być mniej, jeśli nie lubisz potraw zbyt ostrych)
3 ząbki czosnku drobno posiekane lub wyciśnięte przez praskę
1 łyżka gęstego pomidorowego purée lub przecieru pomidorowego
2 łyżki soku z cytryny
½ łyżeczki soli morskiej

WYKONANIE

Paprykę upiecz do miękkości na grillu lub w piekarniku w wysokiej temperaturze z termoobiegiem. Skórka powinna się stać ciemna i przypieczona. Przełóż do miski i szczelnie zakryj folią spożywczą. Gdy ostygnie, ściągnij skórę i oczyść z gniazd nasiennych. Na suchej patelni praż nasiona kolendry, kuminu i kminku przez mniej więcej 2 minuty (aż zaczną lekko pękać i uwolni się aromat), następnie umieść je w moździerzu i utrzyj na proszek. Smaż posiekaną cebulę, czosnek i chili na średnim ogniu, aż lekko ściemnieją (około 6–8 minut). Następnie wszystkie składniki utrzyj ze sobą na pastę.

SOS TERIYAKI

Jeden z moich ulubionych sosów-marynat, który zawsze mam w lodówce. Pochodzi z kuchni japońskiej. Jego podstawę stanowi sos sojowy, słodkie wino ryżowe i obowiązkowo cukier. Czosnek i imbir są dodatkami ekstra, można z nich zrezygnować. Wspaniale nadaje się do marynowania ryb, drobiu oraz tofu. Macerowane w nim potrawy można piec, smażyć i grillować. Sos teriyaki nadaje się też jako dodatek do makaronów, ryżu i kasz. Idealnie komponuje się z prażonymi ziarnami sezamu.

SKŁADNIKI

½ szklanki sosu sojowego jasnego (najlepiej bio, bez chemicznych dodatków)
¼ szklanki wody
3 łyżki słodkiego wina ryżowego mirin (lub sake)
¼ szklanki cukru trzcinowego
2 ząbki czosnku obrane i wyciśnięte przez praskę
1 łyżka startego świeżego korzenia imbiru

WYKONANIE

Wszystkie składniki podgrzewaj na małym ogniu, mieszając, aż cukier zupełnie się rozpuści. Można przechowywać w lodówce.

SOS SALSA VERDE

Jak sama nazwa wskazuje, jest soczyście zielony. Mnóstwo w nim zdrowia i aromatu – ilość natki pietruszki, jaką zawiera, wzmocni każdego! Jest świeży i bardzo smaczny. Stanowi doskonały dodatek do pieczonych ryb, warzyw, drobiu, mięs i kasz.
Przepis przywieźliśmy ze słonecznego południa Europy.

SKŁADNIKI

1 szklanka listków natki pietruszki
½ szklanki listków świeżej mięty
1 łyżka musztardy Dijon
sok wyciśnięty z połowy lub z całej cytryny (zgodnie z upodobaniami)
2 łyżki oliwy z oliwek
4–6 filecików anchois
1 łyżeczka kaparów odsączonych z marynaty

WYKONANIE

Wszystkie składniki drobno posiekaj lub zmiksuj blenderem. Możesz zrobić uproszczoną wersję sosu bez anchois i kaparów.

LOVE

DUKKAH

Ta posypka jest jedną z moich ulubionych. To mieszanka orzechów, migdałów i ziaren. Jej recepturę przywiozłam z podróży do Egiptu, a następnie trochę zmodyfikowałam – zgodnie z moimi potrzebami. W oryginalnym przepisie są jeszcze sól i czarny pieprz, ja te dwa składniki usunęłam, dzięki czemu moja posypka ma bardziej wszechstronne zastosowanie. Słona i ostra nadaje się do warzyw, kasz, ryżu, makaronu, kanapek. W łagodnej wersji jest doskonała również do owsianki, kaszy jaglanej, serów, a nawet sałatek owocowych. Pokrojona na kawałki świeża, dojrzała gruszka lekko posypana dukkah smakuje wybornie, podobnie pieczone jabłka. Gdy podaję na śniadanie różne rodzaje owsianki lub kasz, dukkah obowiązkowo znajduje się na stole. Niedawno odkryłam, że posypane nią zwykłe jajko na twardo ma znakomity smak.
Jest nie tylko smaczna, ale również bardzo zdrowa – stanowi pyszne źródło magnezu, wapnia i składników mineralnych. Jeśli postanowisz do swojej wersji dodać sól, polecam himalajską – zdrową, subtelnie wyrazistą, o delikatnym zapachu.

SKŁADNIKI

100 g prażonych migdałów bez skórki
100 g prażonych orzechów laskowych
½ szklanki prażonych ziaren sezamu
2 łyżki prażonych ziaren kolendry
1 łyżka prażonych ziaren kminku

WYKONANIE

Składniki upraż oddzielnie (gdy uprażysz je jednocześnie, mniejsze się spalą). Kiedy ostygną, posiekaj je drobno lub zmiażdż w moździerzu, a najlepiej zmiksuj blenderem. Opcjonalnie możesz dodać świeżo mielony czarny pieprz i sól.

MIESZANKI PRZYPRAW I ZIÓŁ

Mądre wykorzystywanie przypraw i ziół wymaga wprawy i pewnego doświadczenia. Jest sekretem dobrego gotowania.
Poznając kuchnie świata, nauczyłam się, że istnieją klasyczne połączenia przypraw i ziół, które zawsze świetnie z sobą współgrają. Można je też łączyć na zasadzie eksperymentu, lecz w kuchni, tak jak w modzie i sztuce, warto najpierw poznać klasykę, by móc swobodnie tworzyć awangardę.
Świat przypraw zdumiewa swoim bogactwem: oprócz przypraw korzennych czy nasion smaku i aromatu potrawom dodają kora drzew, liście, łodygi lub kwiaty. Używa się ich w całości, zmielonych, pokruszonych lub roztartych w moździerzu. Można je kupić gotowe, lecz ja uwielbiam robić swoje własne, autorskie mieszanki, dobierając składniki w takich proporcjach, jakie najbardziej mi odpowiadają. Dzięki temu nawet zwykły ziemniak potrafi zaskoczyć oryginalnym smakiem.

Herbes de Provence, mieszanka ziół prowansalskich

Jedna z najsłynniejszych i najbardziej uniwersalnych mieszanek ziół, którą po prostu trzeba mieć w kuchni. W jej skład wchodzą zioła, które rosną na południu Francji, ale teraz również w Polsce: bazylia, tymianek, rozmaryn, cząber, oregano, majeranek, a także szałwia i mięta. Suszone zioła mieszamy razem i przechowujemy w szczelnie zamykanym, suchym słoiku.

Quatre-epices, cztery przyprawy

Mieszanka przypraw bardzo popularna we Francji. Dodaje się ją na początku przyrządzania zup, warzyw, drobiu, mięs i ryb – wszelkich potraw, które wymagają dłuższego gotowania. Jeśli ma służyć do ciast, czarny pieprz należy zamienić na ziele angielskie. Można ją przechowywać w suchym, szczelnie zamykanym słoiczku przez mniej więcej cztery miesiące.

SKŁADNIKI

3 łyżki świeżo mielonego czarnego pieprzu lub ziela angielskiego
2 łyżki świeżo utartej gałki muszkatołowej, 1 łyżka mielonych goździków
1 łyżka mielonego suszonego imbiru

MIESZANKA PRZYPRAW CURRY LUB MASALA

Istnieje nieskończona ilość jej odmian. Występuje w kilku kolorach, w zależności od składników: żółta, czerwona, zielona, pomarańczowa lub brunatna. Inną robi się w Indiach, a zupełnie inną w Tajlandii. Najlepsze i najbardziej aromatyczne są te przyrządzane na bieżąco, ucierane w moździerzu tuż przed samym przygotowaniem potrawy.
W skład tej przyprawy najczęściej wchodzą: kurkuma, imbir, kumin, kolendra, cynamon, czosnek suszony, gałka muszkatołowa, goździki, kardamon, gorczyca czarna, chili, pieprz czarny. Do przyrządzenia mieszanki używa się przypraw całych lub mielonych, a czasem ich kombinacji.
Doskonała zwłaszcza do roślin strączkowych (pomaga w ich trawieniu), ale również do warzyw, ryżu, ryb, drobiu, mięs i wszelkich potraw indyjskich.

Garam masala, czyli „gorąca mieszanka" indyjska

SKŁADNIKI

5 łyżek prażonych nasion kolendry
4 łyżki prażonych nasion kuminu
3 łyżki prażonych nasion kardamonu
2 łyżki prażonych ziaren czarnego pieprzu
1 łyżka prażonych goździków
2 kawałki kory cynamonu (około 5 cm długości każdy)

WYKONANIE

Każdą z przypraw (oprócz cynamonu) upraż oddzielnie na patelni o grubym dnie, a następnie wszystkie zmiel w młynku elektrycznym. Przechowuj w szczelnie zamykanym słoiku, nawet przez kilka miesięcy.

URCUMA
MOULU
CHILI
Tilda
SMAT
CARRY MADRAS
2,90
100g

RAS-EL-HANOUT, CZYLI ZAPACH MARRAKESZU

Kiedy ją przygotowuję, w mojej kuchni unoszą się aromaty niczym w marokańskim suku, bajeczne. Jest chyba najbogatszą i najbardziej niezwykłą mieszanką świata. Wykonanie jej to niesamowita zabawa (bez kichania się nie obejdzie!). Oryginalnie w jej skład wchodzi ponad dwieście różnych przypraw i ziół, a nawet kwiaty lawendy, suszone pączki róż i kłącze irysa. Prawdziwe szaleństwo!
Używa się jej do przyrządzania sosów, mięs, kasz, warzyw, ryb. Uwielbiam ją stosować do dań z roślin strączkowych, ponieważ nie tylko wzmacnia ich smak, ale także świetnie wpływa na poprawę trawienia. Szczyptę tej mieszanki dodaję także do wielu różnych dań.

WYKONANIE

Wymieszaj ze sobą po 1 łyżeczce (lub w proporcjach według uznania) poszczególnych przypraw: świeżo mielone ziele angielskie, świeżo utarta gałka muszkatołowa, szafran, świeżo mielony czarny pieprz, rozbity w moździerzu zielony pieprz, rozbity w moździerzu czerwony pieprz, kwiat muszkatołowca (w Polsce trudno dostępny), mielony cynamon, mielony zielony kardamon, mielony brązowy kardamon, mielona kolendra, mielony imbir, kurkuma, nasiona kopru włoskiego (mielone lub w całości), suszone kwiaty lawendy (rozgniecione), suszone płatki róż (pokruszone), kminek mielony lub w całości, mielony kumin, czosnek suszony, mielone lub pokruszone goździki, czarnuszka w całości.

ZATAR

Przywędrował do nas z Izraela. Jest bardzo popularną mieszanką na całym Środkowym Wschodzie. Mówi się, że Jeruzalem pachnie zatarem. To niezastąpiony dodatek do warzyw, sałatek, ryb, mięs, kasz i pieczywa, słowem – do wszystkiego.
Istnieje wiele jego odmian i proporcji składników, ale w każdym z wariantów występuje mało w Polsce popularny sumak. Ma kwaśny smak i w języku polskim nosi nazwę octowiec. Widziałam wiele drzew sumaka, które rosną niedaleko polskich domów, ale nikomu nie przychodzi do głowy, by jego kwiatów używać jako przyprawy. Chyba najłatwiej zamówić go przez internet, jest bardzo tani. Ale bez sumaka zatar również będzie świetny.

SKŁADNIKI

2 łyżki suszonego tymianku
2 łyżki suszonego majeranku
2 łyżki suszonego oregano
1 łyżka prażonych nasion sezamu
¼ szklanki sumaka
1 łyżeczka soli morskiej

WYKONANIE

Wszystkie składniki dokładnie ze sobą wymieszaj. Możesz również suszone zioła zmiażdżyć w moździerzu na pył, a potem dodać sezam oraz sól. Przechowuj w szczelnie zamykanym pojemniku.

KURKUMA

To, że ma bardzo intensywną żółtą barwę i jest składnikiem mieszanki curry, powszechnie wiadomo. Uważa się jednak, że służy jedynie barwieniu potraw. Nic bardziej mylnego! Kurkuma jest jedną z najbardziej wartościowych przypraw o właściwościach leczniczych. Ma działanie antyoksydacyjne, czyli usuwa z organizmu wolne rodniki, przedłużając tym samym naszą młodość i zdrowie. Zapobiega powstawaniu nowotworów. Działa również przeciwzapalnie i oczyszczająco, chroni wątrobę przed czynnikami toksycznymi. Jej barwa, to prawda, jest wyjątkowa. Szczypta kurkumy poprawia wygląd niemal wszystkich potraw.
Zawsze mam ją pod ręką. Kupuję duże opakowania w sklepach z indyjską żywnością i przechowuję w słoiku. Nie można z nią jednak przesadzać, ponieważ jej nadmiar czyni potrawy cierpkimi i lekko gorzkawymi. Szczypta kurkumy w zupełności wystarczy. Wszystko z wyczuciem...

IMBIR

Jeszcze kilka lat temu kupienie w Polsce świeżego imbiru było nie lada sztuką. Teraz jest łatwo dostępny nawet w sklepikach z warzywami w małych miasteczkach. Jednym słowem – trafił pod strzechy. To bardzo dobrze, ponieważ jest to jedna z najzdrowszych przypraw świata, którą powinniśmy jeść niemal codziennie. Tak przynajmniej twierdzi mój nauczyciel ajurwedy, doktor Shiva, który uważa imbir za cud natury. Jest też przekonany, że na temat jego wyjątkowych prozdrowotnych właściwości można by napisać całą książkę, a i tak nie wyczerpie się tematu.
Większość osób już wie, że imbir działa rozgrzewająco, więc jest niezastąpionym remedium na wychłodzenia i przeziębienia. Ponadto poprawia krążenie i trawienie, jest też bogaty w substancje antybakteryjne, antywirusowe i przeciwzapalne. Przynosi ulgę podczas napadów migreny, działa przeciwobrzękowo (ma właściwości moczopędne, oczyszcza nerki). Poprawia ukrwienie mózgu, więc świetnie wpływa na zwiększenie koncentracji. Odrobina świeżego lub suszonego imbiru dodana do kawy niweluje jej szkodliwe działanie. Używałam go na mdłości, będąc w ciąży, doskonale też sprawdza się w chorobie lokomocyjnej i morskiej.
Należy pamiętać, że świeży korzeń imbiru i imbir w proszku to niemal dwie różne przyprawy. Mają podobne właściwości lecznicze, ale zdecydowanie różnią się smakiem i czasami trudno je sobą zastąpić.
W mojej kuchni zarówno świeży, jak i suszony imbir ma szerokie zastosowanie i jest składnikiem obowiązkowym przez okrągły rok.

SÓL

Niezależnie od tego, co na jej temat mówią dietetycy, dobra kuchnia bez soli po prostu nie jest możliwa. Fakt, że jej nadmiar jest niezdrowy, ale niedobór również. Sól zawiera mnóstwo niezbędnych dla organizmu mikroelementów, jest również naturalnym konserwantem. Poza solą morską, kamienną i solą z obniżoną zawartością sodu używam również różowej soli z Himalajów, o intensywnym zapachu, który z czasem bardzo polubiłam. Wybieram sól bez dodatku antyzbrylaczy, ponieważ są szkodliwe dla zdrowia. Wystarczy, że do solniczki wsypię kilka ziaren pieprzu (stara dobra metoda), tak jak robi się to na przykład w paryskich restauracjach.

Sól aromatyczna z ziołami

W solidnym, ręcznym młynku (takim jak do mielenia pieprzu) łączę grubą sól morską z suszonymi ziołami (na przykład tymiankiem, rozmarynem, bazylią, cząbrem, hyzopem, ziołami prowansalskimi). Taka mieszanka nadaje wyjątkowego aromatu warzywom, sałatkom, białym serom i wielu innym potrawom.

Japońska mieszanka gomasio

Klasyczne połączenie soli i prażonego sezamu. Wspaniały smak, dodatkowa porcja wapnia (duże jego ilości znajdują się w sezamie, zwłaszcza czarnym) i doskonały sposób na ograniczenie spożywanej soli (dla osób, które przywykły do jej nadmiaru). Wsypuję do specjalnego młynka (takiego jak do mielenia pieprzu) grubą sól morską w proporcji pół na pół z prażonymi ziarnami sezamu i mieszam. Taka mieszanka nadaje potrawom oryginalnego, lekko orzechowego smaku.

DOBRA ORGANIZACJA

Z biegiem czasu wypracowałam sposoby, dzięki którym przygotowanie pysznego domowego posiłku w krótkim czasie jest możliwe i proste. Najważniejsze jest dobre zaopatrzenie lodówki i domowej spiżarni w produkty, które zawsze powinny być pod ręką. Różne rodzaje kasz, ryżu, makaronów oraz roślin strączkowych to podstawa. Najlepsze i najbardziej wartościowe są świeże produkty, ale jeśli nie mamy czasu na codzienne zakupy, to sięgniecie do zamrażarki, a czasem nawet po puszkę (na przykład z cieciorką, fasolą czy krojonymi pomidorami) jest sensowniejszym rozwiązaniem niż jedzenie byle czego „na mieście". Przecież domowa kuchnia nie ma sobie równych!

CO WARTO ZAWSZE MIEĆ W DOMU?

W zamrażarce

Koperek, natka pietruszki i lubczyk – w pełni lata siekam kilka pięknych pęczków, zamrażam i przechowuję w szczelnie zamkniętych plastikowych pojemnikach (do przechowywania żywności). Zimą dodaję je do zup i różnych innych potraw.
Pokrojona włoszczyzna – jest błyskawiczną bazą między innymi do wszelkich zup.
Mieszanki warzyw – można z nich zrobić „jarzynki", gotując na parze, lub przyrządzić szybką potrawę, na przykład z filetami białej ryby.
Fasolka szparagowa – w sezonie myję ją, oczyszczam i kroję na kawałki. Następnie krótko gotuję, odcedzam wodę, ochładzam i dzielę na porcje po mniej więcej 300 g. Wkładam do foliowych woreczków do przechowywania żywności i zamrażam. Po ugotowaniu smakuje jak świeża. Doskonale nadaje się również do zup lub jako potrawa w sosie pomidorowym z cebulą i czosnkiem.
Krewetki i różne rodzaje ryb.
Liście cytrynowe*, trawa cytrynowa – świetnie przechowują się w zamrażarce. Niezastąpione do potraw kuchni azjatyckiej, a także zupy z dyni lub soczewicy.
Pełnoziarnisty chleb pokrojony na kromki – doskonale się mrozi i przechowuje. Idealna opcja do osób, które nie mają czasu na codzienne zakupy. W każdej chwili dowolną liczbę kromek można włożyć do tostera lub upiec w piekarniku z odrobiną oliwy z oliwek lub masła.

* *Można kupić świeże, mrożone lub suszone w sklepach z azjatycką lub indyjską żywnością (te z Indii mogą nosić nazwę* kaffir leaves*).*

Owoce: jagody, truskawki, maliny, wiśnie… – świetne do ciast i muffinek, idealne w sytuacjach awaryjnych jako szybki deser. Wystarczy je rozmrozić i zmiksować z odrobiną cukru trzcinowego, by otrzymać pyszny mus.

W lodówce

Czosnek, cebula, imbir, włoszczyzna, cytryny, masło klarowane, jajka.

Na półce

Oliwa z oliwek, olej z pestek winogron, wiele rodzajów suszonych ziół i przypraw z różnych rejonów świata. W specjalnych młynkach: świeży czarny pieprz, sól morska z dodatkiem ziół (suszonego rozmarynu, tymianku, bazylii, cząbru, ziół prowansalskich, pokruszonego liścia laurowego).

W spiżarni

Różne rodzaje ryżu, makaronów, kasz: jaglana, pęczak, gryczana, jęczmienna, kuskus, manna. Quinoa (komosa ryżowa) i amarantus. Łuskany groch, soczewica, fasola mung i inne rośliny strączkowe. Cieciorka, fasola i zielony groszek w puszkach. Przeciery pomidorowe i pomidory krojone lub całe, w słoikach i puszkach. Suszone pomidory marynowane w oliwie. Zielone i czarne oliwki.

Na parapecie

Świeże zioła, które świetnie sprawdzają się w uprawie doniczkowej. Na moim parapecie zawsze stoją doniczki z bazylią, rozmarynem, kolendrą czy majerankiem.

CHERISH
EACH DAY
YOUR OW.

MAŁE PORANNE DOMOWE WYPIEKI

CZYLI

CHLEBY, CHLEBKI, BUŁECZKI
I CIASTKA OWSIANE

Uwielbiam te chwile, gdy rano przychodzą do kuchni moi domownicy zwabieni pięknym zapachem i pytają lekko zaspani: „Co tak cudownie pachnie?”. Coraz częściej jednak krzyczą już z daleka, śmiejąc się głośno: „Znowu upiekłaś dwadzieścia bochenków chleba!”.
Siadamy do stołu i jemy ciepłe jeszcze kromki polane oliwą z czosnkiem i rozmarynem.

Błogość. Helenka biega ze swoją pajdą, uśmiechając się i mrucząc coś pod noskiem.

Pachnie domem.
Tak najpiękniej zaczyna się dzień.

CHLEBY, CHLEBKI I BUŁECZKI

Przez długi czas nie miałam odwagi, by samodzielnie piec chleb. Wydawało mi się to bardzo pracochłonne i czasochłonne, a jestem przecież osobą aktywną, robię w życiu wiele rzeczy. Nie mam czasu, by spędzać długie godziny na mozolnym ugniataniu ciasta. Chcę, by moje potrawy były pyszne, zdrowe i efektowne, ale również łatwe i szybkie w wykonaniu – to jest podstawa!

Zrobiłam kiedyś kilka prób z pieczeniem chleba żytniego na zakwasie, ale zakończyły się fiaskiem w postaci zakalca. Mój znajomy piekarz powiedział, że potrzebuję co najmniej roku, by nauczyć się wyrabiania idealnego żytniego ciasta. „Nie mam tyle czasu…", poddałam się zniechęcona.

Mój mąż Robert był zdecydowanie bardziej wytrwały i wielokrotnie udało mu się dokonać takiego cudu. Dzisiaj jest w tym świetny. Zgromadził nawet przeróżne formy piekarnicze i nabył specjalny młynek do mielenia zbóż – jednym słowem podszedł do tematu poważnie. Gdy ma trochę więcej wolnego czasu (rzadko się to zdarza), zabiera się do pieczenia, zwłaszcza wtedy, gdy na dworze jest zimno i deszczowo. Ja natomiast z pieczenia chleba zupełnie się wycofałam, zostawiając tę działkę jemu. Tak było do chwili, gdy na świat przyszła Helenka.

Wydaje się, że to najgorszy moment na tego typu wypieki – maleńkie dziecko, zupełny brak czasu, nieprzespane noce… Budziłam się z kilkutygodniowym maleństwem bladym świtem (właśnie zaczynało się lato), mała wkrótce znowu zasypiała, a mnie, całkiem już rozbudzoną, nachodziła ochota na świeże pieczywo. Karmiłam piersią, więc apetyt miałam ogromny! Nie mogłam wyjść, bo wszyscy domownicy spali, sklepy i tak były jeszcze zamknięte, więc pewnego ranka porzuciłam ambicje upieczenia Niesamowitego Żytniego Chleba Na Zakwasie, przeprosiłam się z suszonymi drożdżami (tylko takie trzymałam na „czarną godzinę" w kuchennej szufladzie) i upiekłam prosty chleb.

Obudzony wspaniałym aromatem Robert wszedł do kuchni i zrobił ze zdumienia wielkie oczy, ponieważ mój bochenek był tak piękny, jak gdybym profesjonalnie piekła pieczywo od zawsze. To mi dodało wiary we własne siły i od tego czasu zaczęłam systematycznie budzić rodzinę kojącym zapachem świeżo pieczonego chleba lub bułeczek.

Zgromadziłam wiele świetnych przepisów na pewne, proste i niewymagające czasu, a przy tym zdrowe i bardzo smaczne wypieki. W zimowe, ciemne poranki pieczenie jest jak czarowanie rzeczywistości. Ponury nastrój natychmiast zmienia się w przytulne ciepło. Nie zawsze piekę chleby – czasem jest to szybki chlebek bananowy, imbirowy lub z dyni.

Chleb z ziołami

Pierwszy chleb, jaki upiekłam po urodzeniu Helenki. Jest tak prosty w wykonaniu i pyszny, że zachęcił mnie do dalszych eksperymentów. To jeden z naszych ulubionych porannych wypieków, który smakuje doskonale z samą oliwą lub odrobiną masła.

SKŁADNIKI

1 opakowanie (7 g) suszonych drożdży
1 i ¾ szklanki ciepłej wody
2 łyżki cukru trzcinowego
2 płaskie łyżeczki soli morskiej
1 łyżka oleju ekologicznego słonecznikowego, rzepakowego lub z pestek winogron
4 szklanki pełnoziarnistej mąki pszennej (świetnie sprawdza się krupczatka)
1 łyżeczka suszonego tymianku, 1 łyżeczka suszonego rozmarynu
1 łyżeczka suszonej bazylii, 1 łyżeczka suszonego cząbru
1 łyżeczka kminku, 2 łyżki pestek słonecznika
2 łyżki sezamu
1 białko do posmarowania chleba z wierzchu
pestki słonecznika, płatki owsiane oraz opcjonalnie nasiona czarnej cebuli* lub czarnuszki do posypania chleba

WYKONANIE

Nagrzej piekarnik do 180°C. Rozpuść suszone drożdże w ciepłej wodzie i odstaw na 5 minut, aż zaczną „pracować".
W dużej misce wymieszaj cukier, sól, olej, rozpuszczone drożdże, połowę mąki oraz wszystkie zioła i pestki. Całość dobrze zagnieć na jednolite ciasto (ja używam miksera z hakiem do wyrabiania twardych ciast). Nadal zagniatając, powoli dodaj resztę mąki.
Kontynuuj ugniatanie (lub ucieranie mikserem) ciasta przez kolejne 10 minut. Wyłóż ciasto na wysmarowaną olejem blachę, podziel na dwie części i wilgotnymi lub posmarowanymi olejem dłońmi (do suchych ciasto się przykleja) uformuj bochenki i ułóż je oddalone od siebie. Przykryj lnianą lub bawełnianą ściereczką i odstaw do wyrośnięcia. Ciasto powinno podwoić swoją objętość (może to potrwać do 45 minut). Specjalnym pędzelkiem posmaruj wierzch ciasta rozkłóconym białkiem i posyp pestkami.
Piecz przez 40–45 minut. Po wyjęciu z piekarnika odstaw na 5 minut, a następnie przełóż na kratkę i zostaw do ostygnięcia.

* *Nasiona czarnej cebuli (*black onion seeds*) – tradycyjnie używane są w kuchni indyjskiej między innymi do pieczywa. Mają wyjątkowy, wyrazisty smak, który zachwyca wiele osób. Ja je uwielbiam. Do nabycia w sklepach z indyjskimi specjałami.*

Chleb z płatkami owsianymi i siemieniem lnianym

Ten przepis jest tak prosty, że idealnie nadaje się dla nowicjuszy. Chleb powinien być pięknie wyrośnięty i chrupiący. Kromka polana odrobiną dobrego oleju lnianego z roztartym ząbkiem czosnku i tymiankiem jest prawdziwym przysmakiem!

SKŁADNIKI (przepis na 2 bochenki)

1 szklanka dobrych płatków owsianych
250 g mąki pszennej pełnoziarnistej (może być krupczatka)
250 g mąki pszennej
7–10 g suszonych drożdży
2 szklanki mleka
1 łyżeczka soli morskiej
1 łyżka cukru trzcinowego
1 białko do posmarowania chleba z wierzchu
garść siemienia lnianego i płatków owsianych do posypania chleba, może być również mak

WYKONANIE

Drożdże pokrusz i wymieszaj z lekko podgrzanym mlekiem oraz płatkami owsianymi, a następnie odstaw na godzinę w ciepłe miejsce. Dodaj mąkę, sól oraz cukier i wyrób gładkie ciasto. Całość przykryj czystą, lnianą lub bawełnianą ściereczką i odstaw na mniej więcej 1 i ½ godziny w ciepłe miejsce do wyrośnięcia.
Ciasto przełóż do dwóch wysmarowanych tłuszczem form (najlepsze są gliniane lub ceramiczne). Ponownie odstaw w ciepłe miejsce na pół godziny.
Wierzch ciasta posmaruj białkiem, a następnie posyp płatkami owsianymi i siemieniem lnianym.
Chleby wstaw do piekarnika nagrzanego do 180°C i piecz przez godzinę.
Po upieczeniu wyjmij chleby z formy i odstaw na kratkę lub zostaw w wyłączonym piekarniku do ostygnięcia.

Szybki chlebek joginów z ziołami (bezglutenowy)

To najszybszy i najprostszy w wykonaniu chlebek, jaki znam. Nie zawiera mąki pszennej i jest bezglutenowy. Aby go przygotować, wystarczy zaledwie pół godziny. Gdy robiłam go po raz pierwszy, byłam bardzo zaniepokojona jego płynną konsystencją. Bałam się, że nic z niego nie wyjdzie, ale udał się doskonale, po czym został natychmiast zjedzony. To dobrze, bo ten chleb nie nadaje się do długiego przechowywania (jest wilgotny). Idealny w sytuacjach awaryjnych, gdy mamy nagłych gości, a w domu ani kawałka pieczywa. Wymaga mało pracy, a efekt jest po prostu świetny. W dodatku jest bardzo zdrowy. Moja córeczka uwielbia go z odrobiną czosnkowej oliwy z oliwek lub pasty z suszonych pomidorów – podobnie jak reszta rodziny.

SKŁADNIKI

1 i ½ szklanki otrębów owsianych (mogą być nawet granulowane)
¾ szklanki mąki kukurydzianej
2 niepełne szklanki mleka sojowego (bez cukru i aromatów)
1 duże rozkłócone jajko od „szczęśliwej" kury
1 łyżka oleju słonecznikowego lub z pestek winogron
2 łyżeczki ziół prowansalskich
1 łyżeczka kminku
4 łyżki pestek słonecznika
1 łyżeczka soli morskiej
1 łyżka syropu z agawy lub jasnego miodu
2 łyżeczki proszku do pieczenia (bez fosforanów)

WYKONANIE

Piekarnik nagrzej do 220°C.
W jednej misce wymieszaj wszystkie suche składniki (otręby, mąkę kukurydzianą, cukier, zioła, sól i proszek do pieczenia), a w drugiej ubij jajko, dodaj mleko sojowe, szczyptę soli, łyżkę oleju i nadal ubijaj. Następnie dodaj suche składniki do mokrych i mieszaj je delikatnie i krótko. Ciasto wylej do dobrze natłuszczonej formy (keksówki) i posyp sezamem oraz pestkami.
Piecz przez 25 minut. Przed wyjęciem z piekarnika nakłuj specjalnym patyczkiem, by sprawdzić, czy ciasto jest w środku suche. Gdy chlebek lekko przestygnie w formie, wyjmij go i zostaw do przestygnięcia na kratce.
Świetnie smakuje jeszcze lekko ciepły, z oliwą aromatyzowaną czosnkiem i tymiankiem.

Pyszny chleb z siemieniem lnianym

Bardzo zdrowy i bardzo smaczny chleb z dużą ilością siemienia. Ulubiony chleb mojego męża. Daje przyjemnie poczucie sytości. Świetny dla kobiet z wahaniami nastrojów, ponieważ siemię lniane działa na kobiecy organizm jak naturalna terapia hormonalna.

SKŁADNIKI

1 szklanka drobno zmielonego siemienia lnianego (ja używam najprostszego młynka do kawy)
3 szklanki pełnoziarnistej mąki pszennej (może być krupczatka)
1 opakowanie (7 g) suszonych drożdży
1 i ¾ szklanki ciepłej wody
2 łyżki cukru trzcinowego
2 płaskie łyżeczki soli morskiej
1 łyżka oleju, najlepiej ekologicznego (słonecznikowego, rzepakowego lub z pestek winogron)
1 białko do posmarowania chleba z wierzchu
pestki słonecznika, płatki owsiane, ziarna sezamu do posypania chleba

WYKONANIE

Rozpuść drożdże w ciepłej wodzie i odstaw na 5 minut.
W dużej misce (lub w specjalnym mikserze do ciast) wymieszaj cukier, sól, olej, zmielone siemię lniane, rozpuszczone w wodzie drożdże oraz połowę mąki. Całość dobrze wymieszaj na jednolite ciasto (w mikserze lub rękoma). Nadal wyrabiając, powoli dodaj resztę mąki.
Kontynuuj ugniatanie (lub ucieranie w mikserze) ciasta przez kolejne 10 minut.
Wyłóż ciasto na wysmarowaną olejem blachę, podziel na dwie części i wilgotnymi lub posmarowanymi olejem dłońmi (do suchych ciasto się przykleja) uformuj bochenki i ułóż je oddalone od siebie. Przykryj bawełnianą lub lnianą ściereczką i odstaw do wyrośnięcia. Ciasto powinno podwoić swoją objętość (może to potrwać do 45 minut).
Specjalnym pędzelkiem posmaruj wierzch ciasta rozkłóconym białkiem i posyp pestkami oraz ziarnami.
Piecz przez 40–45 minut w piekarniku nagrzanym do 180°C.
Po wyjęciu z piekarnika odstaw na 5 minut, a następnie przełóż na kratkę do ostygnięcia.

Paris

Chlebek bananowy z siemieniem lnianym

„To nie jest żaden chlebek, tylko ciasto!", mówi mój mąż. Zostańmy jednak przy mojej nazwie „chlebek". Jest słodki, ale świetny na śniadanie, podwieczorek lub piknik. Pyszny z odrobiną masła i domowych powideł. Znakomicie smakuje lekko stostowany, jeszcze ciepły, delikatnie przypieczony...

SKŁADNIKI

1 i ¾ szklanki mąki pszennej
¾ szklanki zmielonego siemienia lnianego*
¾ szklanki cukru trzcinowego
1 łyżeczka proszku do pieczenia (bez fosforanów)
½ łyżeczki sody oczyszczonej
½ łyżeczki soli morskiej
1 łyżeczka cynamonu
1 cukier waniliowy
2 jajka od „szczęśliwych" kur
¼ szklanki oleju (najlepiej ekologicznego rzepakowego lub z pestek winogron)
2 duże, koniecznie dojrzałe banany, obrane i pogniecione na papkę

na wierzch ciasta:
1 łyżka cukru trzcinowego
szczypta cynamonu
do wyboru: płatki migdałów, pokruszone orzechy, pestki słonecznika lub płatki owsiane

WYKONANIE

Nagrzej piekarnik do 180°C. Foremkę do pieczenia o wymiarach 30x11 cm (klasyczną keksówkę) posmaruj obficie masłem.
Zmieszaj ze sobą w dużej misce: mąkę, zmielone siemię lniane, cukier, cukier waniliowy, cynamon, proszek do pieczenia, sodę oczyszczoną oraz sól. Mikserem utrzyj (na wolnych obrotach) jajka oraz olej.
Dodaj rozgniecione banany oraz wszystkie suche składniki. Mieszaj, aż uzyskasz jednolitą konsystencję.
Przełóż do foremki, wyrównaj wierzch, posyp cukrem trzcinowym i orzechami. Piecz w piekarniku na środkowej półce przez 55–60 minut. Przed wyjęciem sprawdź specjalnym patyczkiem, czy ciasto jest w środku suche.

** Do mielenia siemienia lnianego używam zwyczajnego, najprostszego młynka do kawy i mielę siemię bardzo dokładnie, by miało konsystencję miałkiej mąki.*

Chlebek bananowy

To jest bardziej klasyczna wersja chlebka bananowego. Świetny i bardzo prosty przepis. Przywiozłam go z Nowego Jorku. Musiałam jednak zredukować ilość bananów. W oryginalnym przepisie były aż cztery, co sprawiało, że ciasto stawało się zbyt wilgotne, kleiste, wręcz trudne do przełknięcia. W mojej wersji jest idealne. Doskonałe zwłaszcza na deszczowe, jesienne i zimowe dni. Jest tak łatwe do wykonania, że z powodzeniem zrobi je nawet jeszcze zaspany człowiek...

SKŁADNIKI

2 dojrzałe banany obrane ze skórki i rozgniecione na papkę
1 szklanka cukru trzcinowego
1 cukier waniliowy
1 płaska łyżeczka proszku do pieczenia (bez fosforanów)
szczypta soli morskiej
½ łyżeczki cynamonu
75 g miękkiego masła
1 jajko od „szczęśliwej" kury
1 i ½ szklanki mąki pszennej
garść orzechów włoskich grubo posiekanych i lekko uprażonych
opcjonalnie orzechy włoskie do wyłożenia na wierzch ciasta

WYKONANIE

Nagrzej piekarnik do 180°C. Foremkę o wymiarach 11x30cm (klasyczną keksówkę) wysmaruj obficie masłem i lekko posyp bułką tartą.
Utrzyj masło z cukrem i cukrem waniliowym. Dodaj jajko i nadal mieszając, dodaj banany, a następnie proszek do pieczenia, sól i cynamon. Na końcu, wciąż mieszając, stopniowo dodawaj mąkę.
Przełóż masę do foremki, wierzch możesz ozdobić orzechami włoskimi. Piecz 1 godzinę na środkowej półce piekarnika. Po wyjęciu pozostaw ciasto na co najmniej 15 minut do ostygnięcia, a następnie delikatnie wyjmij je z foremki i wyłóż na kratkę.
Chlebek można jeść lekko ciepły z odrobiną masła.
Świetnie też smakuje pokrojony w kromki lekko podgrzane w tosterze lub delikatnie opieczone w piekarniku na kratce i podane z odrobiną masła.

Chlebek z dyni z aromatem pomarańczy

Pieczemy go z Robertem jesienią i najchętniej zjadamy przy ognisku z kubkiem aromatycznej herbaty z cynamonem, goździkami i pomarańczą. Jest wspaniale. Dobrze i błogo. Uśmiechamy się do siebie. Jesień to pora roku, którą uwielbiamy. Poznaliśmy się właśnie jesienią. Teraz jest z nami Helenka. Otwiera szeroko buźkę i wkłada do ust duże kawałki ciasta. Je z apetytem. Smakuje jej. Cieszymy się ostatnimi promieniami słońca. Czujemy w sercach bezgraniczną radość i wdzięczność za to, że jesteśmy razem…

SKŁADNIKI

500 g mięsistej dyni (hokkaido lub piżmowej), obranej i upieczonej do miękkości
3 szklanki mąki pszennej
1 i ½ szklanki cukru trzcinowego
1 szklanka oliwy z pestek winogron
4 jajka od „szczęśliwych" kur
2 łyżeczki sody oczyszczonej
1 łyżeczka proszku do pieczenia (bez fosforanów)
1 łyżka skórki startej z dobrze wyszorowanej i sparzonej pomarańczy
1 łyżeczka cynamonu
½ łyżeczki mielonego zielonego kardamonu
½ łyżeczki tartej gałki muszkatołowej
½ łyżeczki suszonego imbiru
½ łyżeczki mielonych goździków
szczypta soli morskiej

WYKONANIE

Piekarnik nagrzej do 180°C. Foremki keksowe dobrze wysmaruj masłem.
Dynię zmiksuj na jednolite purée. Utrzyj olej z cukrem, a następnie dodawaj po jednym jajku i nadal ucieraj. Dodaj purée z dyni, skórkę pomarańczy i dokładnie wymieszaj.
Następnie dodaj mąkę, sodę, proszek do pieczenia, szczyptę soli oraz przyprawy.
Dokładnie wymieszaj na jednolite ciasto.
Piecz przez 1 godzinę lub tak długo, aż ciasto w środku będzie suche.

Bułeczki prowansalskie

Bardzo łatwe w wykonaniu i pyszne. Ciasto dzielę na części, którym nadaję różne kształty. Jedne bułeczki są okrągłe jak kajzerki, inne podłużne, a jeszcze inne zawiązane na supełek. Pięknie wyglądają w koszyczku do pieczywa. Ozdobione z wierzchu ziarnami i pestkami dają wrażenie różnorodności i obfitości. Każdy z domowników wybiera kształt, który najbardziej mu odpowiada.
Mam świetną zabawę podczas ich przygotowywania. Czuję się trochę jak dziecko w przedszkolu, które z plasteliny wyczarowuje ciekawe formy. Wspaniale jest wnieść do życia lekkość i zabawę!

SKŁADNIKI

300 g mąki pszennej, 50 g otrębów pszennych lub owsianych (mogą być granulowane)
20 ml oleju roślinnego
1 łyżeczka suszonych drożdży
1 łyżeczka soli morskiej, 2 łyżeczki cukru trzcinowego
2 łyżki ciepłego mleka, 180 g letniej wody
1 łyżeczka kminku, 2 łyżeczki ziół prowansalskich
1 białko do posmarowania bułeczek z wierzchu
pestki słonecznika, dyni, sezamu lub mak do posypania bułeczek

WYKONANIE

Drożdże wymieszaj z łyżeczką cukru i mlekiem, następnie odstaw na 15 minut, żeby zaczęły pracować.
W misce wymieszaj mąkę, otręby, sól, cukier i zioła. Zrób wgłębienie, wlej część wody oraz oleju i drożdży i zacznij wyrabiać ciasto, stopniowo dodając resztę płynów. Ugniataj do uzyskania sprężystego ciasta (do wyrobienia ciasta z powodzeniem możesz użyć miksera z hakiem).
Ciasto uformuj w kulę, posmaruj z wierzchu olejem roślinnym, przykryj lnianą lub bawełnianą ściereczką i na godzinę odstaw do wyrośnięcia w ciepłe miejsce.
Wyrośnięte ciasto podziel na 8 lub 10 porcji i z każdej uformuj okrągłą lub podłużną bułeczkę. Bułeczki ułóż na płaskiej blasze wyłożonej papierem do pieczenia. Ponownie przykryj ściereczką i odstaw do wyrośnięcia na kolejną godzinę.
Piekarnik rozgrzej do 220°C (góra i dół bez termoobiegu).
Bułeczki delikatnie posmaruj rozkłóconym białkiem, posyp pestkami i piecz 10 minut.
Boki i spód piekarnika możesz spryskać wodą.
Zmniejsz temperaturę do 210°C i piecz kolejne 10 minut, aż bułeczki staną się rumiane.
Wyjmij z piekarnika i odstaw do wystygnięcia.

CIASTKA OWSIANE

Gdy będąc w Nowym Jorku, po raz pierwszy w życiu wzięłam do ust kawałek ciastka owsianego, kupionego do kawy w coffee shopie w SoHo – oniemiałam. Nie spodziewałam się, że z płatków owsianych można wyczarować coś tak pysznego... Postanowiłam, że nauczę się je robić. Czekało mnie kolejne miłe zaskoczenie – nawet nie przypuszczałam, że jest to aż takie proste!
Ciastka owsiane piekłyśmy z moją przyjaciółką Yvonną w jesienne popołudnia w naszym mieszkaniu przy Saint Marks Place. Dzięki nim czułyśmy się mniej samotne w tym „wynajmowanym" życiu. Ich zapach udomawiał, koił tęsknotę za bliskimi, za prawdziwą miłością i własnym Domem. Dawał poczucie ciepła.
Dzisiaj ciastka owsiane piekę jako mama. Zajmują w naszej rodzinie wyjątkowe miejsce. Znakomicie sprawdzają się z poranną kawą jako szybkie śniadanie, jako popołudniowa przekąska, rzecz na piknik czy w daleką podróż. Idealne do zabrania do szkoły lub pracy. Mają w sobie domowe ciepło, dają uczucie sytości, poprawiają humor. Są nie tylko pyszne i szybkie w wykonaniu, ale również zdrowe i świetnie się przechowują. No i pięknie wyglądają.
Zawsze piekę ich więcej i przechowuję w szklanym pojemniku. Są ratunkiem, gdy mam niespodziewanych gości. Najwięcej radości daje wspólne pieczenie. Uwielbiam, gdy ich zapachem wypełnia się cały dom.

Ciastka owsiane z orzechami laskowymi i rodzynkami

Mam kilka świetnych przepisów na ciastka owsiane, ale ten jest najszybszy i najprostszy. Często go modyfikuję, dodając różne ziarna, pestki lub orzechy, suszone owoce, startą skórkę z pomarańczy lub cytryny. Moje ciastka nigdy nie smakują więc tak samo, a ja za każdym razem, piekąc je, czuję się jak odkrywca! Z niecierpliwością czekam, jakim smakiem tym razem mnie zaskoczą. Lubię w kuchni niespodzianki.

SKŁADNIKI (przepis na 9–12 ciastek)

115 g masła
115 g mąki pszennej
115 g płatków owsianych
75 g cukru pudru
1 łyżka płynnego jasnego miodu
75 g żurawiny lub rodzynek
30 g posiekanych orzechów laskowych
1 łyżka sezamu lub pestek słonecznika
½ łyżeczki cynamonu
szczypta soli morskiej

WYKONANIE

Piekarnik nagrzej do 170°C. Płaską blachę wyłóż papierem do pieczenia.
Do małego rondla o grubym dnie włóż masło, cukier, miód i cynamon. Podgrzewaj na małym ogniu, od czasu do czasu mieszając. Gdy masło się roztopi, a cukier i miód rozpuszczą na jednolitą masę, zdejmij rondel z ognia.
Do miski wsyp mąkę, płatki owsiane, szczyptę soli, żurawinę i orzechy. Wymieszaj. Dodaj masło z miodem i cukrem i całość wymieszaj dokładnie drewnianą łyżką, aż osiągnie konsystencję gęstego ciasta.
Podziel ciasto na 9 porcji. Wyłóż na blachę łyżką stołową, tworząc równomierne kule, oddalone od siebie o mniej więcej 5 cm. Spłaszcz wierzch każdej z nich widelcem.
Piecz około 15–20 minut, aż ciastka staną się złote.
Po wyjęciu z piekarnika zostaw na blasze na co najmniej 5 minut, by lekko stwardniały.

Sweetie

Ciastka owsiane z cynamonem i migdałami

Zrobione według tego przepisu są mniej kruche i lepiej znoszą transport niż te z poprzedniego. Gdy wiem, że ciastka owsiane będą potrzebne na podróż lub do pracy, decyduję się na tę właśnie recepturę.

SKŁADNIKI (przepis na mniej więcej 20 dużych ciastek)

200 g płatków owsianych – dobrych, naturalnych (nie mogą być błyskawiczne)
70 g płatków migdałów
140 g suszonej żurawiny lub rodzynek
2 łyżki ziaren sezamu
2 łyżki pestek słonecznika
250 g mąki pszennej
½ łyżeczki proszku do pieczenia (bez fosforanów)
2 łyżeczki cynamonu
¼ łyżeczki soli morskiej
250 g masła
1 szklanka cukru trzcinowego
2 jajka od „szczęśliwych" kur

WYKONANIE

Piekarnik nagrzej do 180°C.
W misce wymieszaj mąkę, proszek do pieczenia, cynamon i sól. Utrzyj (najlepiej mikserem) masło z cukrem na jednolitą masę. Nadal mieszając, dodawaj po jednym jajku.
Następnie wymieszaj masę ręką z pozostałymi składnikami oraz płatkami owsianymi i rodzynkami.
Wykładaj łyżką stołową (lub łyżką do lodów) na blachę pokrytą papierem do pieczenia. Ciastka uformuj w kule, ułóż je w odległości około 5 cm od siebie, a następnie delikatnie spłaszcz grzbietem widelca namoczonym w zimnej wodzie.
Piecz około 25 minut na jasny, złotobrązowy kolor. Ciastka nie mogą być upieczone zbyt mocno, ponieważ powinny być lekko ciągnące.
Po wyjęciu z piekarnika pozostaw je na blasze na co najmniej 5 minut, by stwardniały.

CO ZJEMY DZISIAJ NA ŚNIADANIE?

Kiedy rano otwieram oczy, bez względu na porę roku i pogodę za oknem, dziękuję za ten dzień.
Proszę o pomyślność i opiekę. Dla siebie, moich bliskich i dla świata.
Często pytam, co mogę dla siebie zrobić, by się wzmocnić i dodać sobie siły, abym była w stanie żyć tak, jak tego chcę, i cieszyć się zdrowiem, jakiego pragnę dla siebie i innych.
„Czego potrzebuje twoje ciało, by mogło się troszczyć o ducha?"
Dopiero wtedy decyduję, co zjem dziś na śniadanie.

Gdy pracowałam jako modelka, stale się odchudzałam. Ponieważ wieczorem „grzeszyłam", jedząc, odchudzanie zaczynałam od samego rana. Rezygnowałam więc ze śniadania. Niestety wcale nie chudłam, ponieważ wieczorem mój organizm musiał nadrobić stres i wysiłek związany w brakiem pokarmu.

Bez porannego posiłku czułam się rozbita, osłabiona, wyczerpana i wiecznie zmarznięta. Bardzo często też chorowałam. Dopiero z czasem pojęłam, że śniadanie jest najważniejszym posiłkiem w ciągu dnia. Zrozumiałam też, że brak śniadania wpływa na obniżenie jakości życia.

Cóż za stwierdzenie, czy nie przesadzam?! Jakość życia i śniadanie – jaki to ma związek? Ma, i to ogromny! Gdy nie dostarczymy naszemu organizmowi odpowiedniej ilości składników odżywczych, zwyczajnie brakuje mu energii. To tak jak z samochodem – bez paliwa daleko nas nie zawiezie. Głodząc się rano, stajemy się nerwowi i zdekoncentrowani, z obolałą głową staramy się uporać z życiem. Cały nasz organizm, włącznie z układem nerwowym, przeżywa stres spowodowany brakiem paliwa. Nerwowo poszukuje zapasów i nie zawsze spala to, co byśmy chcieli (czyli tłuszcz), bardzo często również substancje odżywcze, które wolelibyśmy zachować.

Trafiłam na badania naukowe, dowodzące, że osoby, które nie jedzą śniadań, są dwa razy bardziej narażone na przygnębienie i czterokrotnie bardziej na odczuwanie niepokoju. Brak śniadania – to niski poziom glukozy we krwi. Mózg nie może wtedy dobrze funkcjonować, ponieważ reaguje wydzielaniem adrenaliny i kortyzolu w dużym stężeniu. One zaś powodują niepokój i podenerwowanie.

Człowiek jest bardzo precyzyjnie skonstruowaną istotą, która potrzebuje napędu w postaci pożywienia. Odpowiedni pokarm jest niezbędny dla dobrze działającego umysłu, co natychmiast znajduje odzwierciedlenie w naszych emocjach. Musimy dobrze traktować swoje ciało, aby nasz duch mógł w pełni rozkwitnąć. Nie ma ani odrobiny przesady w twierdzeniu, że brak dobrego śniadania przekłada się na całe nasze życie: na relacje, pracę, samopoczucie. Gdy nie mamy odpowiedniego napędu, nie mamy siły i energii, by realizować marzenia i pasje. Nie mamy siły, by czerpać radość z życia, być cierpliwym rodzicem, dobrym studentem, pracownikiem lub płodnym twórcą. Osoby, które jedzą śniadanie, są bardziej efektywne i twórcze w ciągu całego dnia.

Zrozumienie tych faktów zajęło mi kilka lat. Zaczęłam jednak wprowadzać zmiany i teraz w naszym domu wspólne śniadania stały się rytuałem, który uwielbiamy. Zasiadamy do stołu, by razem zacząć dzień. To niezwykle ważne. Wspólny posiłek to przecież nie tylko żywienie ciała, ale także ducha. Stół, przy którym się spotykamy, to dla nas źródło spełnienia, otuchy. Jestem pewna, że trzy podstawowe potrzeby człowieka, jakimi są poczucie bezpieczeństwa, jedzenie i miłość, są ze sobą nierozerwalnie związane. Mogą się spełnić w jednym miejscu – przy rodzinnym stole.

W naszym domu od wielu już lat odżywiamy się świadomie. Z biegiem czasu zaczęliśmy bardzo wyraźnie zauważać profity takiego stylu życia. Czas płynie, a my jesteśmy szczupli, zdrowi, pełni energii i optymizmu, otwarci na nowe pomysły. Gdy rano zrobimy dla siebie coś dobrego (zdrowe śniadanie to najlepsza inwestycja w udany dzień!), łatwiej jest nam sobie poradzić z zadaniami, jakie codziennie przynosi życie. Zdrowe śniadanie daje nam poczucie wewnętrznej równowagi i harmonii, świadomość, że każdego dnia troszczymy się o siebie. A przecież każdy zwyczajny dzień przekłada się na nasze życie. Dlatego staramy się, by codzienność była dobra i jasna.

Podstawową naszych śniadań są owsianka i kasza jaglana, które przyrządzamy na dziesiątki różnych sposobów. Kasze na naszym stole są pyszne, ponieważ zależy nam, by to, co jemy, bardzo nam smakowało. Wszyscy w naszej rodzinie jesteśmy smakoszami.

Płatki owsiane okazały się znakomitą bazą dla odkryć kulinarnych. Lubimy też eksperymenty z wszelkimi rodzajami kasz i roślinami strączkowymi (robimy na przykład humus, pasty). Czasem jadamy też ryby (wędzonego łososia pastę z makreli czy sardynki), twarożki i kozie sery (z dodatkiem świeżych ziół), naturalne jogurty (z sezonowymi owocami z naszego ogródka). Pieczywo własnej roboty. Latem owoce, sałaty i sałatki. Pijemy zieloną herbatę, parzymy pokrzywę, roibos, a gdy jest gorąco, uwielbiamy świeżo wyciskane soki lub smoothies. W weekendy natomiast jemy jajka, przyrządzane na wiele sposobów. Kiedyś naukowcy stwierdzili, że jajka nie są zdrowe, bo podwyższają cholesterol. Dopiero później odkryli, że zawierają lecytynę, która skutecznie niweluje jego szkodliwe działanie. W naszej kuchni używamy wyłącznie jaj od kur z wolnego chowu, „szczęśliwych”.

Sałatka piękności, czyli Bircher Müsli

Przez wiele lat byłam pewna, że taki sposób przyrządzania płatków owsianych to Sałatka Piękności autorstwa Heleny Rubinstein. Co prawda ta wybitna kobieta rozsławiła ją na całym niemal świecie, ale pomysłodawcą tej „owsianki" był szwajcarski lekarz Maximilian Bircher-Benner. Wymyślił ją w 1900 roku dla pacjentów swojego szpitala i kuracjuszy sanatorium, malowniczo położonego w Alpach.
Samo słowo „mus" po niemiecku oznacza właśnie mus, czyli potrawę niezbyt gęstą, lekką i puszystą. Oprócz płatków owsianych, które są tu podstawą, w jej skład wchodzą surowe lub gotowane rozdrobnione owoce, orzechy oraz jogurt. Doktor Bircher-Benner zwracał uwagę, by słodzić ją jedynie suszonymi owocami (takimi jak figi, daktyle, morele, śliwki, żurawina). Płatki owsiane nie mogły być zalewane wrzątkiem ani gotowane, ponieważ według jego teorii obniżałoby to odżywczą wartość potrawy. W dzisiejszych czasach nazywa się to modnie row food lub kuchnią makrobiotyczną.
W naszym domu taką owsiankę jadamy zwykle latem, gdy jest ciepło, z dodatkiem owoców sezonowych (truskawek, malin, borówek) i listkami świeżej mięty. Jest naprawdę przepyszna. Na naszej liście kulinarnych przebojów – na czołowym miejscu!

SKŁADNIKI (porcja dla 4–6 osób)

2 szklanki płatków owsianych
1 i ¾ szklanki letniej wody
¼ szklanki soku jabłkowego
2–3 łyżki soku z cytryny
1 jabłko starte razem ze skórką
1 i ½ szklanki naturalnego gęstego jogurtu
opcjonalnie 2 łyżki jasnego miodu

na wierzch do wyboru:
świeże owoce sezonowe – truskawki, maliny, poziomki, borówki
suszone owoce – figi, morele, daktyle, śliwki, żurawina, rodzynki
płatki migdałów, prażone orzechy, pestki dyni lub słonecznika
mielony cynamon, kardamon, imbir

WYKONANIE

Wieczorem zalej płatki owsiane wodą, dodaj suszone owoce oraz pestki, wymieszaj, przykryj i odstaw na noc.
Rano dodaj świeżo starte jabłko, sok, jogurt i pozostałe składniki według uznania. Na wierzchu ułóż świeże owoce lub inne dodatki.

Rozgrzewająca owsianka z cynamonem, kardamonem i imbirem

Ta owsianka jest rewelacyjna zimą, gdy organizm potrzebuje rozgrzania i energii na cały dzień. W przeciwieństwie do tej z poprzedniego przepisu należy ją gotować (co zalecają mistrzowie medycyny chińskiej) i jeść ciepłą. Jej przyrządzenie nie zajmuje dużo czasu pod warunkiem, że mamy pod ręką wszystkie niezbędne składniki. Je przechowuję je zamknięte w specjalnych słoikach. Gdy wiem, że rano będę musiała się śpieszyć, wieczorem poprzedniego dnia wrzucam do garnka wszystkie suche składniki, a rano zalewam je wrzątkiem i gotuję na wolnym ogniu. W tym czasie mogę robić inne rzeczy.

SKŁADNIKI (porcja dla 3 osób)

9 łyżek grubych płatków owsianych
1 łyżka siemienia lnianego
1 łyżka nasion sezamu
1 łyżka pestek słonecznika
1 łyżka pestek dyni
1 łyżka posiekanych migdałów
1 łyżka owoców goji lub żurawiny
1 jabłko starte razem ze skórką
½ łyżeczki mielonego cynamonu
½ łyżeczki mielonego zielonego kardamonu
świeży imbir starty z 3 cm korzenia
opcjonalnie jasny miód (akacjowy, lipowy lub wrzosowy) lub melasa: na przykład z buraków

WYKONANIE

Do garnuszka wrzuć płatki, pestki, migdały, owoce goji, żurawinę, cynamon, kardamon i imbir, oraz nasiona siemienia lnianego i sezamu. Całość zalej wrzącą wodą w takiej ilości, by przykryła wszystkie składniki powyżej 3 cm lub więcej, jeśli chcesz, by potrawa była rzadsza. Całość wymieszaj i gotuj na bardzo wolnym ogniu około 10 minut. Jeśli masz czas i chcesz, by płatki owsiane były bardziej miękkie, możesz je gotować do 30 minut (wtedy dodaj trochę więcej wody i od czasu do czasu mieszaj).
Następnie dodaj starte jabłko.
Wymieszaj. Gdy potrawa przestygnie, możesz ewentualnie dodać miód lub melasę.
Jeśli owsianka jest zbyt gęsta, dolej trochę wody, tak by otrzymać konsystencję, którą najbardziej lubisz.

Owsianka dla Helenki

Sama chętnie ją robię, ale uwielbiam przyglądać się, jak przygotowuje ją dla Helenki Robert. Wkłada w to tyle serca i miłości... Już to wystarczy, by było w niej samo zdrowie! Jest bardzo prosta, idealna nawet dla niemowlaków. Słodzona jedynie suszonymi owocami, z dodatkiem siemienia lnianego i orzechów stanowi pełnowartościowy poranny posiłek.

SKŁADNIKI (porcja dla 1 dziecka)

4 łyżki dobrych płatków owsianych
¾ szklanki wody lub mleka sojowego (lub trochę więcej, jeśli owsianka jest zbyt gęsta)
1 łyżeczka masła klarowanego
suszone owoce – żurawina, rodzynki, 1–2 daktyle, morele lub śliwki
1 łyżeczka świeżo mielonego siemienia lnianego
szczypta cynamonu
maleńka szczypta soli morskiej lub himalajskiej
opcjonalnie do wyboru lekko uprażone na suchej patelni: 1 orzech włoski, 2 migdały, 1 łyżeczka sezamu lub 1 łyżeczka pestek słonecznika

WYKONANIE

Zagotuj wodę, dodaj płatki owsiane w całości lub zmielone (w zależności od wieku dziecka), cynamon oraz sól. Gotuj pod przykryciem około 5 minut na wolnym ogniu, od czasu do czasu mieszając.
Pod koniec gotowania dodaj umyte i posiekane suszone owoce. Gotuj jeszcze przez 10 minut. Następnie dodaj masło klarowane i mielone siemię lniane. Opcjonalnie możesz dodać drobno posiekane prażone orzechy włoskie, migdały, sezam lub pestki słonecznika. Dobrze jest je trochę podgotować.

Mieszanka musli domowej roboty

Jeśli rano masz mało czasu na przygotowywanie zdrowego śniadania, to świetnym pomysłem jest zrobienie swojej własnej, autorskiej mieszanki musli i przechowywanie jej w dużym słoiku. Komponowanie jej to prawdziwa frajda, którą uwielbiają wszystkie dzieciaki, starsze i młodsze, a nawet te już całkiem dorosłe.

SKŁADNIKI

2 czubate szklanki płatków owsianych
1 szklanka otrębów owsianych
½ szklanki pestek słonecznika
½ szklanki pestek dyni
½ szklanki nasion sezamu
1 szklanka siekanych orzechów laskowych
1 szklanka rodzynek lub żurawiny (można dodać jedno i drugie pół na pół)
½ szklanki suszonych pokrojonych moreli (najlepiej niesiarkowanych)
2 szklanki pokrojonych suszonych jabłek

WYKONANIE

Pestki słonecznika, dyni, sezamu oraz orzechy laskowe praż na średnim ogniu przez 3 minuty na rozgrzanej, suchej patelni. Potrząsaj patelnią i mieszaj regularnie, by się nie przypaliły, ale równo przeschły i nabrały złotego koloru.
Wymieszaj prażone pestki, nasiona i orzechy z pozostałymi składnikami i odstaw do ostudzenia. Przechowuj w suchym, szczelnie zamkniętym słoiku.
Przed podaniem swoje musli możesz zalać ciepłą wodą, mlekiem sojowym lub nawet świeżym sokiem. Można podawać ze świeżymi owocami sezonowymi (malinami, poziomkami, borówkami), bananami lub kawałkami pomarańczy, a także z jogurtem lub twarożkiem. Smacznego!

Domowa granola

Jest rewelacyjna! Pyszna i chrupiąca. Po prostu trzeba ją zawsze mieć w domu, wsypaną do dużego, szczelnie zamykanego słoika. Można nią posypywać musli, naturalny gęsty jogurt, sezonowe owoce lub jeść jako przegryzkę, zamiast chrupek lub chipsów. To prawdziwa bomba witamin i minerałów potrzebnych zarówno dzieciom, jak i dorosłym.

SKŁADNIKI

1 szklanka płatków owsianych
1 szklanka otrębów owsianych
½ szklanki pestek słonecznika
½ szklanki ziaren sezamu
½ szklanki grubo siekanych orzechów laskowych
½ szklanki siekanych migdałów
4 łyżki oleju słonecznikowego lub z pestek winogron
¼ szklanki płynnego, jasnego miodu akacjowego, lipowego lub wrzosowego
½ szklanki suszonej żurawiny
½ szklanki rodzynek

WYKONANIE

Rozgrzej piekarnik do 140°C.
W misce wymieszaj płatki, otręby, orzechy, migdały, ziarna i pestki.
W szerokim rondlu delikatnie podgrzej olej słonecznikowy i miód. Mieszaj, aż się rozpuści i połączy z olejem w płynną masę. Zdejmij z ognia, dodaj mieszankę owsianą i dobrze wymieszaj, najlepiej drewnianą łyżką. Całość ułóż na blachach (będą potrzebne dwie) i piecz przez mniej więcej 50 minut, od czasu do czasu mieszając, żeby składniki nie przywierały – aż staną się złociste.
Po wyjęciu z piekarnika dodaj żurawinę i rodzynki. Wymieszaj i wystudź. Dopiero wtedy granola stężeje i stanie się chrupiąca. Pokrusz ją na duże kawałki i przechowuj w suchym, szczelnie zamkniętym pojemniku.

Aromatyczny sos ze świeżych truskawek

Do moich owsianek przygotowuję nie tylko różnego rodzaju posypki (jak na przykład dukkah), ale także sosy owocowe. Latem – bardzo oryginalny sos ze świeżych truskawek (można też zrobić z mrożonych), a zimą z suszonych moreli. Dodaję je do moich potraw z płatków owsianych albo do gęstego jogurtu. Smakują całej rodzinie! Można dodawać je również do lodów.

SKŁADNIKI

1 kg truskawek
1 łyżka skórki startej z dobrze wyszorowanej i sparzonej pomarańczy
½ laski wanilii
½ łyżeczki mielonego kardamonu
½ łyżeczki mielonego cynamonu
¼ łyżeczki mielonego imbiru lub ½ łyżeczki startego świeżego imbiru
1 łyżka jasnego miodu
szczypta soli morskiej

WYKONANIE

Umyte i osuszone truskawki bez szypułek pokrój na pół lub na ćwiartki (w zależności od wielkości owoców) i umieść w dużym naczyniu. Dodaj pozostałe składniki i wymieszaj dużą łyżką lub blenderem, tak by puściły sok, lecz aby pozostały wyraźne kawałki owoców. Przełóż do słoja i przechowuj w lodówce.

Sos z suszonych moreli

SKŁADNIKI

350 g suszonych moreli (najlepiej ekologicznych, niesiarkowanych)
1 laska cynamonu
2 goździki
½ łyżeczki świeżo startej gałki muszkatołowej

WYKONANIE

Opłukane morele wrzuć do garnuszka i zalej niewielką ilością wrzącej wody.
Dodaj laskę cynamonu, goździki i świeżo startą gałkę muszkatołową.
Gotuj na wolnym ogniu przez 15–20 minut, aż morele napęcznieją. Wyjmij je z wody, a gdy przestygną, zmiksuj je na purée.

Sweetie

KASZA NA ŚNIADANIE?

Kasze wydawały mi się kiedyś bardzo nieatrakcyjne i niemodne. Kojarzyły mi się z nudnym jedzeniem dla dzieci. Gdy zaczęłam podróżować po świecie i ćwiczyć jogę, poznałam wiele wspaniałych, pełnych energii osób, które z dumą jadały kasze każdego dnia w wariantach tak różnych i pomysłowych, że na pewno daleko im było do nudy! Gdy rozpoczęłam moją przygodę ze zdrowym odżywianiem, świat kasz okazał się dla mnie tak fascynujący jak odkrywanie nowego, nieznanego lądu pełnego tajemnic i niespodzianek.

Wszystkie odmiany kaszy zaadaptowałam do mojego rodzinnego menu bez żadnego problemu, za wyjątkiem jednej – jaglanej. Najpierw zupełnie ją zignorowałam. Gdy byłam dzieckiem, nie jadało się jej w moim domu, ponieważ nikt z nas jej nie lubił. Dlatego zdziwiłam się, gdy pewnego dnia moja przyjaciółka joginka oznajmiła z euforią: „Jestem na diecie! Od czterech dni jem tylko kaszę jaglaną z dodatkiem pieczonego jabłka i przypraw. Pycha. Czuję się wspaniale!".

„Dlaczego akurat kasza jaglana?", spytałam ze zdziwieniem i pewnym współczuciem. „Jak to, nie wiesz?!" – spojrzała na mnie zaskoczona. I zaczęła snuć opowieści o cudownej kaszy. Po pierwsze badania naukowe pokazują, że ponad wszelką wątpliwość kasza jaglana oczyszcza organizm z toksyn. A przecież tak ich dużo w żywności, kosmetykach i powietrzu! Dostarcza organizmowi niesamowitej ilości witamin, w tym sporo z grupy B, a także soli mineralnych, białka i węglowodanów złożonych – czyli tych najcenniejszych! Jest nie tylko bardzo odżywcza, ale również niezwykle sycąca, bowiem podczas trawienia składniki te uwalniają się do krwi powoli, dzięki czemu zapewniają stały dopływ energii. Dlatego jest idealna dla osób, które chcą schudnąć. Zawiera duże ilości żelaza, więc działa krwiotwórczo, przez co wzmacnia organizm! Doskonale wpływa na kondycję skóry, włosów i paznokci, ponieważ zawiera duże ilości cennej krzemionki. Ponadto usuwa z organizmu nadmiar wilgoci, czyli wszelkiego rodzaju śluz, który według medycyny chińskiej i ajurwedy jest jedną z głównych i najbardziej uporczywych przyczyn nadwagi i otyłości. W dodatku zawiera duże ilości antyoksydantów.

Moja przyjaciółka przekonała mnie. Zaczęłam więc kulinarne eksperymenty z kaszą jaglaną w roli głównej. Początki nie były zbyt udane – klasycznie ugotowana kasza jaglana zwyczajnie nam nie smakowała. Nie poddawałam się jednak (jestem upartym Bykiem!) i wreszcie udało mi się ugotować ją w taki sposób, że wszyscy byliśmy zachwyceni. I to szczerze! Począwszy od mojej mamy, seniorki rodu, poprzez Michała, mnie, Roberta i naszych znajomych, a na małej Helence skończywszy.

Okazało się, że idealna dla nas kasza jaglana musi być dobrze uprażona i gotowana na wolnym ogniu pod przykryciem przez 30 minut w proporcji 1:3, czyli 1 szklanka kaszy i 3 szklanki wrzącej wody. Dodaję też szczyptę soli i płaską łyżkę masła klarowanego. W ten sposób powstaje miękka i delikatna kasza, którą każdy może sobie doprawić według własnych upodobań: musem z jabłek, jogurtem, cynamonem, sezamem, kardamonem, świeżym imbirem, suszonymi owocami, sokiem z pomarańczy, miodem... Możliwości jest niemal nieskończenie wiele.

Delikatna kasza jaglana z gruszką, suszonymi śliwkami i cynamonem

SKŁADNIKI (porcja dla 3–4 osób)

1 szklanka kaszy jaglanej
3 szklanki wody
10 g suszonych śliwek dobrze umytych i pokrojonych
½ łyżeczki cynamonu
1 płaska łyżka masła klarowanego
szczypta soli morskiej lub himalajskiej

pozostałe składniki
1 duża gruszka obrana, starta na tarce o grubych oczkach i skropiona sokiem z cytryny
2 łyżki prażonych pestek dyni i słonecznika
2 łyżki lekko uprażonych płatków migdałów
1 łyżka jasnego miodu

WYKONANIE

Kaszę jaglaną upraż na dnie suchego garnka, często mieszając. Zalej wrzącą wodą, dodaj pozostałe składniki do gotowania kaszy, dokładnie wymieszaj i gotuj na bardzo wolnym ogniu pod przykryciem przez 30 minut, od czasu do czasu mieszając.
Na końcu dodaj gruszkę i miód do smaku. Przełóż do miseczek i posyp z wierzchu prażonymi migdałami i pestkami.

Pieczona kasza jaglana z jesiennymi jabłkami, gruszkami i orzechami włoskimi

To już zupełnie inny sposób przyrządzenia kaszy jaglanej – i dobre śniadanie dla całej rodziny na weekendowy, pochmurny poranek, gdy mamy trochę więcej czasu. Cały dom pachnie pieczonymi owocami, przyprawami i orzechami. Od razu robi się raźniej na duszy!

SKŁADNIKI (porcja dla 3–4 osób)

250 g kaszy jaglanej, 650 ml wody
150 g jabłek obranych ze skórki i pokrojonych w kostkę
150 g gruszek obranych ze skórki i pokrojonych w kostkę
150 g cukru trzcinowego, 4 łyżki masła klarowanego
2 jajka od „szczęśliwych" kur
1 łyżka skórki startej z dobrze wyszorowanej i sparzonej pomarańczy
½ łyżeczki kardamonu, ½ szklanki sparzonych i osuszonych rodzynek
szczypta soli morskiej

na wierzch potrawy:

1 łyżka cukru trzcinowego, garść włoskich orzechów
½ łyżeczki cynamonu, opcjonalnie jogurt lub śmietanka

WYKONANIE

Piekarnik nagrzej do 180°C.
Kaszę sparz wrzątkiem, a następnie zalej wrzącą wodą i gotuj 20 minut na małym ogniu z dodatkiem 2 łyżek masła klarowanego i szczyptą soli.
Do pokrojonych jabłek i gruszek dodaj 100 g cukru i przesmażaj przez mniej więcej 10 minut, aż staną się miękkie.
Pozostały cukier utrzyj z 2 żółtkami, a następnie połącz z kaszą i skórką pomarańczy.
Ubij pianę z 2 białek i delikatnie wymieszaj z całą masą.
Formę do pieczenia wysmaruj masłem i wysyp tartą bułką. Ułóż na dnie połowę kaszy i posyp kardamonem. Wyłóż jabłka, dodaj rodzynki i część cynamonu, a następnie wyłóż resztę kaszy.
Całość polej roztopionym pozostałym masłem klarowanym, wyłóż orzechy włoskie i posyp z wierzchu cukrem trzcinowym i pozostałym cynamonem.
Piecz 20–30 minut.
Możesz podawać z jogurtem lub śmietanką.

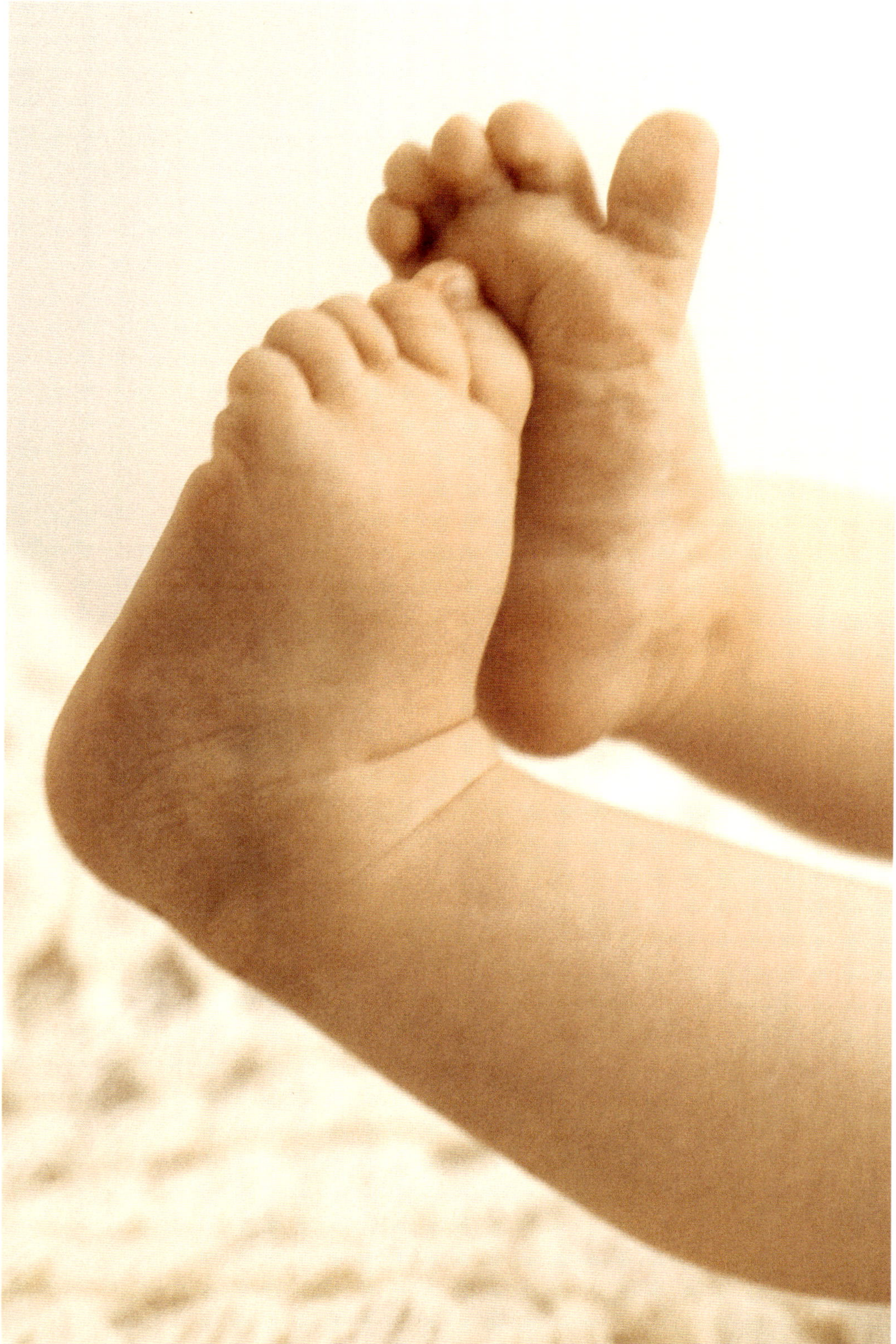

Kaszka jaglana z suszonymi owocami na dziecięce śniadanko

Moja Helenka uwielbia kaszkę jaglaną, zwłaszcza kiedy podaję ją ze słodkimi owocami. W tym przepisie pojawiły się bardzo zdrowe morele (duża ilość żelaza!), ale można je zamienić na równie zdrowe rodzynki, suszone śliwki, owoce goji lub żurawinę. Często podaję tę kaszkę również z musem z jabłek lub z roztartym pieczonym jabłkiem, albo rozgniecionym widelcem kawałkiem banana. Całość mieszam i wychodzi z tego pyszny krem.

SKŁADNIKI

½ szklanki kaszy jaglanej
1 i ½ szklanki wody
¼ szklanki niesiarkowanych suszonych moreli pokrojonych w paseczki
szczypta cynamonu
maleńka szczypta soli morskiej lub himalajskiej
1 łyżeczka klarowanego masła
1 łyżka lekko uprażonych i zmielonych pestek sezamu
1 łyżeczka delikatnie prażonych i zmielonych migdałów

WYKONANIE

Kaszę upraż na suchej patelni, a następnie zalej wrzącą wodą. Gotuj przez 30 minut na wolnym ogniu z dodatkiem klarowanego masła, cynamonu i moreli pokrojonych w paseczki. Jeśli kasza jest zbyt gęsta, dodaj trochę wody.
Przed podaniem posyp kaszkę prażonymi pestkami sezamu i migdałami. Wymieszaj.
Na wierzchu możesz położyć świeże sezonowe owoce (borówki, maliny, poziomki) lub pokrojonego na kawałki banana.

Jogurt z owocami i płatkami róży

Podczas naszych podróży przekonaliśmy się, że jogurt z owocami jada się na śniadanie na całym niemal świecie w wielu różnych odsłonach. Najbardziej klasyczny jest oczywiście gęsty jogurt grecki z winogronami polany jasnym miodem. Zajadamy się nim podczas wakacji.

W naszym domu łączymy naturalny gęsty jogurt z krajowymi owocami sezonowymi: truskawkami, borówkami, wiśniami, prażonymi jabłkami lub gruszkami. I tymi, które uda się nam przynieść z lasu – poziomkami, jagodami, jeżynami. Dodajemy do niego różne przyprawy (na przykład cynamon, kardamon, imbir) lub orzechy (pistacjowe, laskowe, włoskie), prażone migdały lub pestki.

Jednak najbardziej chyba oryginalny w smaku jest jogurt z płatkami róży. Przyrządza się go w bardzo prosty sposób: płatki dzikiej róży należy oczyścić nożyczkami z białych końcówek (to te części, które utrzymują kwiat), ponieważ są gorzkie, i utrzeć je na papkę (na przykład w małej makutrze lub dużym moździerzu) z cukrem lub jasnym miodem. Można skropić je odrobiną soku z cytryny dla zachowania pięknego koloru. Do jogurtu można też dodać odrobinę dobrej wody różanej przeznaczonej do celów kulinarnych.

Quinoa z hinduskim aromatami

Świetnym pomysłem na poranne dania są potrawy z quinoą (inaczej zwaną komosą ryżową). Jest ona podobna w smaku do kaszki kuskus, ale jeszcze smaczniejsza i zdecydowanie zdrowsza, bardzo delikatna. Na świecie uznana została za „superfood", nowoczesną żywność XXI wieku, choć w rzeczywistości należy do najstarszych roślin uprawnych na naszej planecie. Ma niewiele kalorii i jest niezwykle bogata w składniki odżywcze. Zawartość dobrze przyswajalnego białka trudno porównać z innymi produktami spożywczymi. Jej relatywnie wysoka cena z pewnością ulegnie zmianie, gdy quinoa stanie się bardziej popularna i powszechnie uprawiana.
W tej wersji – aromatyczna i bardzo radosna. Słodycz miodu i rodzynek, lekkość mleka sojowego, charakterystyczna nuta imbiru, kruchość prażonych migdałów...
Daje siłę i energię na cały dzień.

SKŁADNIKI (porcja dla 2–3 osób)

1 szklanka quinoi
2 i ½ szklanki mleka sojowego
½ łyżeczki cynamonu
½ łyżeczki kurkumy

½ łyżeczki mielonego kardamonu
½ łyżeczki gałki muszkatołowej
½ łyżeczki mielonego suszonego imbiru
2 łyżki rodzynek
spora garść uprażonych i posiekanych migdałów bez skórki (lub płatków migdałów)
opcjonalnie 1 łyżka jasnego płynnego miodu (lub więcej według uznania)

WYKONANIE

Quinoę zalej gorącym mlekiem i doprowadź do wrzenia. Dodaj wszystkie przyprawy i wymieszaj. Gotuj pod przykryciem na bardzo małym ogniu przez 15–20 minut, od czasu do czasu mieszając. Uważaj, by mleko się nie gotowało, tylko lekko wrzało, a quinoa nie przywierała do dna.
5 minut przed końcem gotowania dodaj rodzynki. Gdy potrwa skończy się gotować, dodaj miód i wymieszaj.
Przełóż do miseczek i obficie posyp prażonymi migdałami i pestkami.

Pieczone jajka z serem i świeżymi ziołami

W naszym domu przepadamy za potrawami z jaj – w niedzielę rano jajecznica jest daniem obowiązkowym. W jej przyrządzaniu specjalizuje się każdy członek naszej rodziny i każdy robi ją na swój własny, autorski sposób. Mój mąż zamówił nawet komplet ciężkich kutych, metalowych patelni. Chociaż byłam do nich nastawiona sceptycznie, muszę przyznać, że smażone na nich jajka smakują wyjątkowo.
Naszym odkryciem są też jajka pieczone – wyborne! Bardzo je polubiliśmy. Mają zupełnie inny smak niż pozostałe potrawy przyrządzane z jaj, a przy tym dają nieskończenie wiele możliwości tworzenia własnych, oryginalnych wariantów. A to właśnie w kuchni lubimy najbardziej!

SKŁADNIKI (porcja dla 4 osób)

8 jajek od „szczęśliwych" kur
½ szklanki posiekanego szczypiorku
½ łyżki posiekanej natki pietruszki
1 łyżka posiekanego koperku, bazylii lub lubczyku (może być wszystko naraz)
100 g pokrojonego na kawałki sera (na przykład fety, mozzarelli, gorgonzoli)
lub ½ szklanki sera cheddar pokrojonego w kostkę
masło klarowane

WYKONANIE

Nagrzej piekarnik do 180°C.
Przygotuj 4 żaroodporne miseczki. Umieść w nich wiórki masła, sery i zioła.
Do każdej miseczki wbij po 2 jajka i posyp je ponownie wiórkami masła.
Miseczki wstaw do kąpieli wodnej (ja używam dużej metalowej lub ceramicznej brytfanki), tak by były zanurzone w niej do połowy.
Piecz bez przykrycia przez 15 minut.
Możesz również przygotować pieczone jajka w swojej autorskiej wersji, z różnymi rodzajami serów i ziół, gotowanymi szparagami, porami, papryką, pieczonymi pomidorkami koktajlowymi... albo dół foremki wysmarować pomidorowym purée, a z wierzchu posypać suszoną papryką lub różnymi ziołami. Miłej zabawy!

Omlet z aromatycznymi ziołami

Omlety przyrządzamy w naszym domu na wiele sposobów. Do omletowych eksperymentów zachęciły nas zwłaszcza podróże po Hiszpanii, gdzie jadaliśmy je w wersjach często zaskakujących. Z kolei w innych częściach świata niespodzianką były dla nas użyte przyprawy, zioła czy dodatki (na przykład harissa).
Do omletów znakomicie pasują szparagi, pory, pomidory, cebulka, czosnek, sery, świeże zioła... Właśnie taka wersja, z ziołami, wyjątkowo nam smakuje.

SKŁADNIKI (porcja dla 3 osób)

6 jajek od „szczęśliwych" kur
2–3 łyżki wody lub mleka
1 łyżka posiekanej natki pietruszki
1 łyżka posiekanego koperku
1 łyżka posiekanej bazylii
1 łyżka posiekanego szczypiorku
1 łyżka posiekanego lubczyku
25 g masła klarowanego
sól morska lub himalajska i świeżo mielony czarny pieprz do smaku

WYKONANIE

Jajka dokładnie ubij (widelcem lub specjalną trzepaczką) razem w wodą lub mlekiem oraz szczyptą soli. Dodaj posiekane zioła i wymieszaj.
Masło rozpuść na dużej patelni, wlej jajka z ziołami i smaż na małym ogniu.
Są dwie szkoły smażenia omletów – niektórzy przykrywają je pokrywką, a inni uważają to za błąd. Ja omlety najpierw smażę bez pokrywki, a następnie przykrywam, żeby dół nie był za bardzo przysmażony, a góra zbyt płynna. Mój mąż z kolei nigdy nie używa pokrywki. Każde nas robi więc sobie taki omlet, jaki mu najbardziej smakuje!

TRAMONT

Zielona pasta z bobu

Na śniadanie świetnie sprawdzają się pasty i smarowidła – a gdy coś zostanie, można zjeść po południu lub wieczorem, jako przekąskę lub lekką kolację. Pasta z bobu jest potrawą sezonową, którą możemy się cieszyć jedynie przez krótką chwilę. Gdy tylko dojrzeje bób, warto ją zrobić, ponieważ jest zaskakująco pyszna…

SKŁADNIKI

200 g bobu ugotowanego do miękkości i obranego ze skórki
1–2 ząbki czosnku wyciśnięte przez praskę
1–2 łyżki soku świeżo wyciśniętego z cytryny
1 łyżka oliwy z oliwek
1 łyżka drobno posiekanych świeżych listków bazylii
sól morska i świeżo mielony czarny pieprz do smaku

WYKONANIE

Wszystkie składniki dokładnie wymieszaj na jednolitą masę.
Można podawać z tostami oraz prażonymi pestkami słonecznika lub dyni.

Pasta z makreli

Kilka lat temu zbudowaliśmy niewielką wędzarnię i sami wędzimy w niej ryby i inne produkty. Dzięki temu jesteśmy pewni, że są naprawdę zdrowe.
Pasta z makreli kojarzy mi się z moim rodzinnym domem – kiedyś często przyrządzali ją moi rodzice. Jako dziecko nie przepadałam za rybami, z wyjątkiem śledzi autorstwa mojej mamy i takiej właśnie pasty. Uwielbiamy ją my i wszyscy nasi znajomi!

SKŁADNIKI

2 makrele wędzone, ½ szklanki drobno posiekanego szczypiorku
5 łyżek dobrego majonezu, 1 łyżka posiekanego koperku
sok wyciśnięty z ½ cytryny, świeżo mielony czarny pieprz

WYKONANIE

Makrele obierz ze skóry i dokładnie oczyść z ości (ja używam do tego dwóch widelców). Rozetrzyj je na pastę, dodaj pozostałe składniki i wymieszaj. Doskonale smakuje z kiszonymi ogórkami, a nawet jajkami na twardo, a na wiosnę z rzeżuchą.

Pasta z czerwonej soczewicy

Świetna nie tylko do pieczywa, ale również do pieczonych warzyw, jako wypełnienie listka cykorii lub do posmarowania kawałka świeżej, chrupiącej i soczystej papryki. Pełna aromatu i zdrowia.

SKŁADNIKI

150 g czerwonej soczewicy, 1 mała cebula
1–2 ząbki czosnku, 1 czerwona papryka
1 łyżeczka harrisy (lub mniej, w zależności od upodobań)
1 łyżka soku z cytryny, ¼ łyżeczki kurkumy
½ łyżeczki przyprawy curry, ½ łyżeczki mielonego kuminu lub mielonego kminku
2–3 łyżki oliwy z oliwek
sól morska i świeżo mielony czarny pieprz do smaku

WYKONANIE

Soczewicę ugotuj do miękkości. Odcedź z nadmiaru wody i delikatnie odciśnij przez muślinową szmatkę, żeby była sucha.
Posiekaj cebulę, czosnek, paprykę, a następnie przesmaż na oliwie do miękkości.
Połącz z soczewicą, dodaj pozostałe przyprawy, sok z cytryny i całość zmiksuj na gęstą pastę.
Możesz posypać świeżymi ziołami, posiekanym szczypiorkiem lub prażonym sezamem.

NAPOJE WZMACNIAJĄCE, OCZYSZCZAJĄCE I DODAJĄCE ENERGII

Napój imbirowo-cytrynowy

Pomaga oczyścić organizm z toksyn i spalić nadmiar tłuszczu. Najlepiej działa wypity na czczo, ale jest to dozwolone jedynie dla osób, które mają zdrowy przewód pokarmowy.

SKŁADNIKI (porcja dla 1 osoby)

sok świeżo wyciśnięty z 1 cytryny
sok wyciśnięty ze świeżego startego imbiru (z 2–3 cm korzenia), opcjonalnie może być ½ łyżeczki suszonego imbiru
¾ szklanki wody źródlanej w temperaturze pokojowej

WYKONANIE

Wyciśnij sok ze świeżo startego korzenia imbiru (za pomocą kawałka gazy lub muślinu). Dodaj wodę i sok z cytryny, wymieszaj. Jeśli zależy ci na głębszym oczyszczeniu i szybszym efekcie, możesz taki napój pić kilkakrotnie w ciągu całego dnia.

Napój młodości

Dodaje energii i odmładza. Bomba witaminowa na śniadanie lub pyszny deser.

SKŁADNIKI (porcja dla 1 lub 2 osób)

1 szklanka soku wyciśniętego ze świeżych pomarańczy
½ szklanki sezonowych owoców (truskawek, malin, poziomek, jagód lub borówek)
½ szklanki dobrze namoczonych jagód goji, opcjonalnie 1 łyżeczka jasnego miodu

WYKONANIE

Jagody goji zalej wrzącą wodą i odstaw na mniej więcej 10 minut, by stały się zupełnie miękkie. Następnie je odcedź. Wszystkie składniki wymieszaj ze sobą blenderem.

Zielony napój

Wzmacnia organizm i skórę. Gęsty, niskokaloryczny napój, który świetnie wpływa na cały organizm. Dodaje energii dzięki sile witamin i mikroelementów. Idealny na szybkie i lekkie śniadanie, zwłaszcza latem, gdy dostępne są warzywa gruntowe rosnące w naturalnych warunkach. Ten koktajl jest bardzo popularny wśród gwiazd Hollywood i wielbicieli zdrowej żywności.

SKŁADNIKI (porcja dla 2 osób)

piętnastocentymetrowy kawałek obranego ze skórki ogórka
garść świeżego, umytego szpinaku, sok wyciśnięty z 1 cytryny
1 kawałek selera naciowego obranego z włókien
1 łyżka otrębów owsianych, 1 dojrzałe kiwi obrane ze skórki
1 i ½ szklanki świeżej wody źródlanej, ½ szklanki mleka sojowego

WYKONANIE

Wszystkie składniki zmiksuj blenderem. Wypij świeży napój.

Smoothie śniadaniowe

Gdy bardzo się śpieszymy, na szybkie śniadanie doskonale się sprawdza taki gęsty, pyszny i sycący miks.

SKŁADNIKI (porcja dla 2 osób)

1 banan pokrojony na kawałki
½ szklanki oczyszczonych z szypułek i pokrojonych truskawek (świeżych lub mrożonych)
1 szklanka mleka sojowego, 1 łyżka otrębów owsianych
½ szklanki jogurtu naturalnego, szczypta cynamonu
opcjonalnie 1 łyżeczka jasnego miodu

WYKONANIE

Wszystkie składniki zmiksuj blenderem.

JAKA DZISIAJ SAŁATKA, KOCHANIE?

Jest środek lata. Wczesny poranek. Wszyscy jeszcze śpią.
Wkładam kalosze i lekki sweter.
Wychodzę na zewnątrz.
Przenika mnie spokój. Jest tak cisza, że boję się poruszyć, by jej nie spłoszyć.
Przyglądam się promieniom słońca, które o tej porze dnia najpiękniej oświetlają powietrze.
Przeglądają się w kroplach rosy.
Czystość i świeżość. Majestat świtu.
Oddycham wdzięcznością.
Delikatnie, by nie wydawać żadnych dźwięków, idę do ogródka. Siadam na ławce.
Mrużę oczy i czuję, jak rosną rośliny.

Sałatki pełne świeżych, pachnących warzyw, dojrzałych owoców i ziół zajmują na naszym rodzinnym stole miejsce wyjątkowe. Nie tylko uwielbiamy jej jeść, ale również sami uprawiamy wiele gatunków roślin. Dbamy o nie, pielęgnujemy je, przyglądamy się, jak rosną i jak się zmieniają. Czasem nawet do nich mówimy.

Wszystkie rośliny z naszego ogrodu smakują wyjątkowo. Oprócz tego wiemy, że są chemicznie czyste i zdrowe. W dzisiejszych czasach taka pewność to luksus, z którego mieszkańcy polskiej wsi nie do końca chyba zdają sobie sprawę.

Będąc w Nowym Jorku, przekonaliśmy się, że najbardziej „trendy" są restauracje mające swoich dostawców warzyw, owoców i ziół. Te świeże produkty pochodzą z małych, rodzinnych gospodarstw, gdzie uprawiane są tradycyjnymi metodami. W zmechanizowanym i uprzemysłowionym świecie to właśnie czyni je wyjątkowymi i unikalnymi. I nie chodzi tu tylko o niestosowanie pestycydów i innych środków chemicznych, lecz również o to, że uprawia się je z miłością i troską. Pielęgnowane są sercem i ludzkimi dłońmi. To zupełnie zmienia nie tylko ich smak, ale również energię potraw.

Obecnie docenia się także sezonowość produktów, oraz to, by były uprawiane nie na drugim końcu świata, a lokalnie. Takie rośliny są dla nas zdrowsze, nie tracą wartości odżywczych podczas długiej podróży i nie są spryskane tonami chemikaliów, by taką podróż mogły w ogóle znieść.

Pomysły na sałatki i surówki właściwie nigdy się nie kończą... Moje przepisy mogą stanowić zachętę i inspirację do poszukiwania ulubionych połączeń. Trzeba w nich jednak znaleźć balans – nie tylko równowagę wartości odżywczych i harmonię smaku, ale również koloru i tekstury. Sekretem dobrej sałatki są składniki świeże i najwyższej jakości. Czasem jednak wystarczy naprawdę kilka jędrnych listków, by na naszym stole pojawiła się najpyszniejsza, i pięknie wyglądająca kombinacja witamin!

SKŁADNIKI SAŁATEK

Wydawać się może, że mówimy tu o dużej misce zieleniny. Niekoniecznie. Puśćmy wodze fantazji i przyjrzyjmy się, jakich składników możemy używać podczas komponowania naszego idealnego sałatkowego połączenia.

WARZYWA I OWOCE

Mogą być surowe, gotowane, pieczone lub grillowane. Na jednym talerzu możemy je też łączyć przyrządzane na różne sposoby – pokrojone cienko lub grubo, starte lub siekane. Również suszone owoce są doskonałym dodatkiem do sałatek. Powinny być jednak wcześniej sparzone, lekko namoczone i dokładnie odsączone z wody. Możemy dodawać składniki tak proste jak pikle, warzywa kiszone lub owoce z kompotów (doskonałe są choćby twarde odmiany gruszki) albo wyszukane – kłącza młodego imbiru i bambusa czy serca palm (środki młodego pnia palmy, na przykład kokosowej).

ZIARNA, KASZE, RYŻ I ROŚLINY STRĄCZKOWE

Ich dodatek sprawia, że sałatka staje się pełnowartościową, bardzo odżywczą potrawą. Wnoszą do niej wyjątkowy smak, aromat i strukturę. Mogą być tylko akcentem, atrakcyjnym dodatkiem, lub grać główną rolę.

ORZECHY I PESTKI

Dodają struktury, kruchości, smaku. Zawierają ogromną ilość bardzo wartościowych składników odżywczych. Najlepiej smakują lekko uprażone.

MAKARONY

Cienkie i grube, włoskie, tajskie czy chińskie są wielkim sprzymierzeńcem sałatek! Świetnie sprawdzają się w podróży, transporcie i podczas wielogodzinnych spotkań towarzyskich.

SERY I JAJKA

Świat serów jest niezwykle bogaty – znajdziemy odmiany miękkie, twarde, długo dojrzewające i młode, delikatne i ostre. W samej Francji jest ponad 270 gatunków sera. Większość z nich świetnie nadaje się do sałatek. Ogromnym powodzeniem cieszą się ostatnio zwłaszcza sery feta, hallumi, parmezan, mozzarella, hinduski paneer i wyraziste sery kozie (które są najzdrowsze ze wszystkich). Innym wspaniałym dodatkiem do sałatek są jajka ugotowane na twardo, a także różne odmiany omletów (w tym japońskich), pokrojone w kostkę, plastry lub paski.

RYB, DRÓB I OWOCE MORZA

Wędzona makrela i dorsz, tuńczyk w sosie własnym, smażone krewetki i ośmiornice, grillowane piersi kurczaka – to tylko niektóre przykłady. W sałatkach sprawdzają się znakomicie.

ŚWIEŻE ZIOŁA I JADALNE KWIATY

To one tworzą magię kuchni. Zioła są moim ulubionym składnikiem i sprzymierzeńcem sałatek. Dodają nie tylko unikalnego smaku i aromatu, ale są również bardzo zdrowe. Podaję je krojone, siekane lub w całości. Jeśli nie mam świeżych, sięgam po suszone lub korzystam z pesto.

Gdy zaczynamy poznawać świat ziół, jesteśmy zdumieni jego bogactwem. Samej mięty mam w swoim ogródku aż siedem odmian. Uprawiam też lubczyk, kilka rodzajów bazylii i tymianku, rozmaryn, hyzop, oregano, cząber, ogórecznik, melisę, majeranek, kolendrę, estragon, kurdybanek, koper... Do moich sałatek dodaję jadalne kwiaty nagietka, lawendy i bratki. Na łące zbieram dziko rosnącą macierzankę.

DODATKI SŁONE I SOLONE

Różne rodzaje oliwek, kaparów, anchois, kolorowy pieprz. Są czasem kropką nad „i" lub dodają potrawie wyrazistości i charakteru.

OLIWY I OLEJE

Podstawą i sekretem świetnych sałatek jest dobrej jakości oliwa z oliwek *extra virgin*. Zawsze musi być obecna w naszej kuchni. Ja kupuję duże opakowanie i przelewam do mniejszych butelek, dodając czosnek lub zioła. Robię z niej również dressingi, które trzymam w lodówce.

Warto mieć pod ręką jeszcze dwa inne rodzaje oleju, odmienne w charakterze i smaku. Bardzo wartościowy jest na przykład olej lniany lub arganowy. Z niektórymi rodzajami sałatek doskonale komponuje się ciemnozielony, gęsty olej z pestek dyni. Można poeksperymentować też z olejami aromatyzowanymi, choćby mandarynkowym lub truflowym.

OCTY

Balsamiczne, jabłkowe, winne lub ryżowe. Jasne lub ciemne. Delikatne lub ostre. W tym przypadku również bardzo ważna jest dobra jakość. Niech ocet jabłkowy będzie naturalny, ekologiczny, leżakujący w beczce. Kupując ocet balsamiczny, warto dokładnie przeczytać jego skład. Jeśli jest w nim cukier lub karmel, można mieć pewność, że to ocet niskiej jakości. Czasem warto kupić droższy i dodać zaledwie kilka kropel, by delektować się naprawdę wybornym smakiem.

SÓL I PIEPRZ

Kamienna, morska lub himalajska. Biała, szara lub różowa. Gruba lub drobnoziarnista, a nawet w płatkach. Sól dobrej jakości powinna być podstawowym składnikiem w naszej kuchni, chociaż ważne jest, by używać jej z umiarem. Ja wybieram sól bez dodatków antyzbrylaczy, jest zdrowsza. Aby się nie sklejała, wsypuję do solniczki kilka ziarenek ryżu.

Warto zainwestować w dobry młynek do pieprzu. Ja zawsze kupuję całe ziarna i je mielę. Dodaję do potraw tuż przed zjedzeniem. Co za aromat!

Tabbouleh z quinoą

Uwielbiam tabbouleh! W książce Smak życia *podałam przepis na klasyczną sałatkę na bazie kuskusu. W tej wersji, z dodatkiem quinoi, jest jeszcze zdrowsza, bardziej pożywna i moim zdaniem smaczniejsza. Takie tabbouleh można zrobić z niemal każdego rodzaju kaszy. Próbowałam i obiecuję, że rozmaite kasze sprawdzają się doskonale.*
Tabbouleh można jeść jako samodzielną potrawę, przystawkę lub dodatek do innych dań (na przykład z drobiu lub ryb).

SKŁADNIKI (porcja dla 2–3 osób)

1 szklanka quinoi
2 szklanki wody
szczypta kurkumy
szczypta soli morskiej
sok wyciśnięty z ½ lub 1 cytryny (w zależności od upodobań)
1 szklanka posiekanego szczypiorku
1 i ½ szklanki posiekanej świeżej natki pietruszki
2 duże, sprężyste pomidory pokrojone w kostkę
½ łyżeczki kuminu
1 łyżeczka oliwy z oliwek
1 ząbek czosnku wyciśnięty przez praskę
świeżo mielony czarny pieprz do smaku

WYKONANIE

Ugotuj quinoę: wsyp do garnuszka quinoę, sól, kurkumę i zalej wrzącą wodą (w proporcji 1:2). Gotuj na bardzo małym ogniu pod przykryciem przez 15–20 minut, od czasu do czasu mieszając. Następnie spulchnij widelcem i odstaw do ostudzenia.
Dodaj resztę składników i delikatnie wymieszaj.

Makaron sojowy z warzywami i dużymi krewetkami

Lekka, orzeźwiająca sałatka z tajskim rodowodem. Lubimy ją jeść przez cały rok, ale najlepiej sprawdza się latem. Spakowana do pudełka jest świetna na lunch, piknik na trawie lub posiłek w pracy.

SKŁADNIKI (porcja dla 2 osób)

125 g cienkiego makaronu sojowego, ugotowanego zgodnie z przepisem na opakowaniu i ostudzonego
1 ogórek obrany i pokrojony w cienkie słupki
½ gałązki selera naciowego, oczyszczonego i pokrojonego w cieniutkie paseczki
½ czerwonej papryki posiekanej w bardzo drobne paseczki
garść posiekanego szczypiorku
garść posiekanej świeżej kolendry
garść uprażonych na suchej patelni orzeszków ziemnych lub sezamu
kilka dużych krewetek usmażonych na oliwie z pestek winogron z dodatkiem posiekanego czosnku, czarnego pieprzu i doprawionych solą morską

dressing:
2 łyżki soku z cytryny lub octu ryżowego
1 łyżeczka ksylitolu lub cukru pudru
1 łyżeczka sosu rybnego (do kupienia w sklepach z azjatycką żywnością)
¼ papryczki chili, pozbawionej gniazd nasiennych i pokrojonej na bardzo cienkie paseczki
1 łyżka sosu sojowego jasnego

WYKONANIE

Wszystkie składniki połącz ze sobą i delikatnie wymieszaj.
Możesz przechowywać w lodówce (sałatka dobrze smakuje lekko schłodzona).

Sałatka nicejska

Przyznam szczerze, że gdy zamówiłam ją po raz pierwszy w restauracji we Francji, byłam trochę rozczarowana. Żadnych ziół, aromatycznych przypraw, wymyślnego dressingu... Hmm... no cóż, byłam zawiedziona. Więc dlaczego teraz ta sałatka znajduje się wśród moich ulubionych dań? Tak jak mielonka nieodmiennie będzie kojarzyła mi się z wakacjami pod namiotem, kąpielami w jeziorze i zapachem tataraku, tak sałatka nicejska zawsze już będzie przywodzić mi na myśl lato, restauracyjne stoliki pod błękitnym niebem południa Francji i zapach morza...
Poza tym bardzo polubiłam tę kombinację smaków. Trzeba do niej dojrzeć. Tak samo jak nie jesteśmy zachwyceni smakiem naszej pierwszej w życiu oliwki, a z czasem stajemy się amatorami oliwek.
To jest moja wersja sałatki nicejskiej. Istnieje wiele jej wariantów – na przykład w niektórych francuskich restauracjach podaje się ją z gotowaną fasolką szparagową, ziemniakami i kaparami, i prawie zawsze z filetami anchois. Jadam ją zamiast obiadu w ciepłe dni lata. Jest sycąca, że wystarczy za cały posiłek.

SKŁADNIKI (porcja dla 2 osób)

150 g mieszanych sałat

garść rukoli, kilka liści młodego szpinaku
1 ogórek, 2 pomidory, 1 czerwona papryka
2 dymki posiekane (cebulki i szczypiorek)
garść czarnych oliwek
1 puszka tuńczyka w sosie własnym (w dużych kawałkach)
2 jajka ugotowane na twardo
świeże zioła – bazylia i lubczyk

dressing:
2–3 łyżki oliwy z oliwek, 1 łyżka octu jabłkowego
sól morska i świeżo mielony czarny pieprz do smaku

WYKONANIE

Liście sałaty, rukoli i szpinaku umyj, osusz i porwij na kawałki. Ogórka obierz ze skórki i pokrój na niezbyt cienkie plastry. Paprykę pokrój w paski, a pomidory w ćwiartki. Odsącz tuńczyka. Jajka obierz i pokrój na ćwiartki. Wszystkie składniki ułóż na sobie piętrowo (na górze jajka i oliwki). Posyp ziołami i całość polej dressingiem.

CEVICHE

Nigdy nie zapomnę ceviche, które zjedliśmy po raz pierwszy w Kostaryce, w małej restauracji nad Pacyfikiem. Byliśmy tam z Robertem na warsztatach jogi. Po tygodniu intensywnych ćwiczeń i medytacji wyjechaliśmy na weekend nad ocean. Zaraz po przyjeździe trafiliśmy do tej maleńkiej restauracji i bardzo głodni zamówiliśmy to, co było najszybciej dostępne. Postawiono przez nami niemal surowe, na pierwszy rzut oka, krewetki. Po chwili konsternacji zabraliśmy się do jedzenia. Danie było tak niezwykłe, smakowite i świeże, że natychmiast poprosiłam o przepis. Te krewetki nie były ani surowe, ani gotowane, więc jak je przyrządzono? Okazało się, że były „ugotowane" w soku z cytryny lub limonki. W ten sposób przyrządza się również różne odmiany białych, delikatnych ryb oraz innych owoców morza.

Ceviche jada się w przeróżnych odsłonach. Cała Ameryka Południowa spiera się, która wersja to ta prawdziwa i oryginalna. W tej z Ekwadoru jest lekką sałatką z dodatkiem świeżych pomidorów, papryki i cebuli, z mnóstwem posiekanych listków kolendry, obficie polaną cytrynową marynatą. Je się ją łyżką, z dodatkiem na przykład placuszków patacones (zrobionych z plantanów – z wyglądu przypominających banany, ale bardziej wytrawnych w smaku), chipsów bananowych lub placuszków kukurydzianych. W sąsiednim Peru ceviche podaje się bez cytrynowej marynaty w towarzystwie cebulek w occie, batatów (słodkich ziemniaków) lub gotowanej kolby kukurydzy.

Nasze kostarykańskie ceviche było prostą sałatką, którą później wiele razy przyrządzałam w domu. Za każdym razem przypominała mi się wtedy bryza od Pacyfiku i zachód słońca, który tego wieczoru był wyjątkowo piękny…

Podczas podróży poznaliśmy wiele różnych wersji ceviche, ale ten przepis szczególnie przypadł mi do gustu.

Ceviche znad Pacyfiku

SKŁADNIKI (porcja dla 3–4 osób)

800 g obranych z pancerzyków krewetek oraz filetów delikatnej ryby (halibut, okoń morski, tilapia, sola) pokrojonych na małe kawałki
5 większych szalotek obranych i pokrojonych
4–5 ząbków czosnku wyciśniętych przez praskę
2 ostre papryczki chili – oczyszczone i pokrojone w drobne paseczki
4 podłużne, jędrne pomidory (na przykład lima) oczyszczone z pestek i bardzo drobno pokrojone
2 średniej wielkości papryki (czerwona i żółta) oczyszczone z nasion i bardzo drobno pokrojone
15 limonek lub cytryn
1 duży drobno posiekany pęczek świeżej kolendry
2 łyżki oleju słonecznikowego lub oliwy z oliwek
sól morska i świeżo mielony czarny pieprz do smaku

WYKONANIE

W naszym klimacie lepiej jest używać krewetek i ryb wcześniej mrożonych. Po rozmrożeniu należy je dokładnie umyć i osuszyć.
Krewetki i pokrojone filety (możesz użyć tylko krewetek lub tylko jednego gatunku ryby) umieść w szklanej lub ceramicznej misce (nie metalowej!), posyp delikatnie solą, rozgniecionym czosnkiem, czarnym pieprzem, drobno pokrojonymi papryczkami chili. Dodaj 1 łyżkę posiekanej kolendry i zalej sokiem wyciśniętym z 10 limonek (całość musi być dokładnie pokryta sokiem, to ważne!).
Zakryj (na przykład folią spożywczą) i wstaw do lodówki na mniej więcej 4 godziny, by krewetki i ryby „ugotowały" się w soku.
Pokrojone szalotki umieść w misce, zalej wrzącą wodą i odstaw na 10 minut. Następnie przecedź, osusz na sitku i ostudź.
Wyjmij krewetki i ryby z marynaty (należy usunąć sok, ostre papryczki i czosnek). Wymieszaj je ze sparzonymi szalotkami, pokrojonymi pomidorami, papryką i kolendrą, a następnie całość polej sokiem świeżo wyciśniętym z 5 limonek oraz oliwą i dopraw solą. Dokładnie wymieszaj i odstaw do lodówki jeszcze na mniej więcej 30 minut. Podawaj lekko schłodzone.

Zielona soczewica ze świeżymi ziołami

Sałatkę z zielonej soczewicy po raz pierwszy jadłam we włoskiej restauracji wiele lat temu i przyznam szczerze: nie miałam pojęcia, czym są te małe, zielone pół-kuleczki. Sałatka była wystawiona na stole z włoskimi antipasti, które uwielbiam. Skosztowałam wielu z nich, wszystkie bardzo mi smakowały, ale ciągle nurtowało mnie pytanie: co to za pyszna roślina? Zielona soczewica dopiero stawała się modna i popularna. Teraz dostępna jest niemal wszędzie.
Dziś potrawy z soczewicy cieszą się w naszym domu ogromnym powodzeniem. Ta sałatka doskonale smakuje z dodatkiem na przykład sera feta, serów kozich, a nawet z jajkiem sadzonym.

SKŁADNIKI

250 g zielonej soczewicy
1 liść laurowy
1 łyżka kuminu
4 podłużne twarde pomidory pokrojone w drobną kostkę
½ szklanki posiekanej świeżej natki pietruszki
2 łyżki posiekanego szczypiorku

1 łyżeczka posiekanego świeżego oregano
1 łyżeczka posiekanej świeżej mięty
opcjonalnie ¼ papryczki chili – oczyszczonej z pestek i pokrojonej na cieniutkie paseczki

dressing:
1–2 łyżki oleju lnianego tłoczonego na zimno
1 łyżka musztardy Dijon
1 ząbek czosnku wyciśnięty przez praskę
sok wyciśnięty z ½ lub 1 cytryny
sól morska i świeżo mielony czarny pieprz
opcjonalnie szczypta chili lub ostrej papryki

WYKONANIE

W garnku zagotuj wodę, wrzuć opłukaną soczewicę, liść laurowy, kumin oraz szczyptę soli. Gdy woda zacznie się gotować, zmniejsz ogień do minimum i gotuj pod częściowym przykryciem do czasu, aż soczewica będzie miękka (mniej więcej 25–30 minut). Mieszaj od czasu do czasu i w razie potrzeby dolewaj wody. Dokładnie odcedź i ostudź.
Dodaj pokrojone pomidory, szczypiorek oraz pozostałe zioła. Wymieszaj ze sobą wszystkie składniki dressingu i polej nim sałatkę. Delikatnie wymieszaj.

Natka pietruszki, ser feta z przyprawami i kasza jęczmienna

Rzadko możemy spotkać dobry, oryginalny przepis na kaszę jęczmienną z charakterem. Ten taki właśnie jest. Sałatka smakuje nawet osobom, które deklarują, że nie przepadają za tym gatunkiem kaszy.

SKŁADNIKI (porcja dla 2–3 osób)

50 g kaszy jęczmiennej
150 g sera feta lub twardego sera koziego
duży pęczek natki pietruszki – oczyszczony i dobrze posiekany
½ szklanki drobno posiekanego szczypiorku
kilka drobno posiekanych listków świeżej mięty

dressing:
1–2 ząbki czosnku wyciśnięte przez praskę
2 łyżki soku z cytryny
2–3 łyżki oliwy z oliwek
sól morska i świeżo mielony czarny pieprz
marynata do sera
2–3 łyżki oliwy z oliwek
1 łyżeczka zataru
½ łyżeczki nasion kolendry lekko uprażonych i rozbitych w moździerzu
½ łyżeczki nasion kminku lekko uprażonych i rozbitych w moździerzu
świeżo mielony czarny pieprz do smaku

WYKONANIE

Wymieszaj składniki marynaty. Ser pokrusz na grube kawałki i delikatnie połącz z marynatą. Odstaw. Kaszę jęczmienną ugotuj na sypko. Zmieszaj ze sobą składniki dressingu. W misce wymieszaj składniki sałatki z dressingiem i całość posyp serem w marynacie.

Marchewka w marokańskim stylu

Bardzo aromatyczna marokańska sałatka, występuje w wielu odmianach. Można do niej – według uznania – dodawać ulubionych przypraw i świeżych ziół, oraz taką ilość soku z cytryny lub pomarańczy, jaka najbardziej nam odpowiada.
Świetnie sprawdza się jako lekka przystawka lub dodatek do kasz, ryżu czy pieczonych ryb. Można ją podawać na zimno lub na ciepło.

SKŁADNIKI (porcja dla 3–4 osób)

1 kg marchewek pokrojonych w półkola lub słupki długości około 1 cm
1 cebula obrana i drobno posiekana
2–3 ząbki czosnku obrane i wyciśnięte przez praskę
1 papryczka chili oczyszczona i drobno posiekana
¾ łyżeczki cynamonu
½ łyżeczki nasion kolendry potłuczonych w moździerzu
½ łyżeczki kurkumy
¼ łyżeczki suszonego imbiru
¼ łyżeczki mielonych goździków
1 łyżeczka słodkiej papryki w proszku

1 łyżeczka kuminu
1 łyżeczka cukru trzcinowego
1 łyżka octu jabłkowego
1 łyżka skórki startej z dobrze wyszorowanej i sparzonej cytryny
około 80 ml oliwy z oliwek
duża garść (mniej więcej 40 g) posiekanych listków świeżej kolendry
sól morska lub himalajska do smaku
opcjonalnie 120 ml gęstego naturalnego jogurtu greckiego

WYKONANIE

Marchewkę wrzuć do garnka, zalej wrzącą wodą, dodaj odrobinę soli i gotuj przez mniej więcej 10 minut, by marchewka stała się miękka, lecz nadal chrupiąca. Osusz na sicie.
Na patelni rozgrzej oliwę i podsmaż cebulę, by stała się miękka i lekko złota. Dodaj marchewkę i wszystkie przyprawy z wyjątkiem jogurtu i świeżej kolendry.
Zdejmij z ognia, dokładnie wymieszaj i odstaw do ochłodzenia.
Przed podaniem, jeśli potrzeba, dodaj jeszcze sól do smaku i ewentualnie odrobinę soku z cytryny. Posyp świeżą kolendrą i dokładnie wymieszaj.
Możesz podawać z dużym kleksem jogurtu naturalnego.

Sałata, kwiaty i dressing malinowy

Pamiętam szczególnie jednego z bohaterów indyjskiego filmu Monsunowe wesele – *nieustannie podjadał aksamitki... W naszej kulturze jedzenie kwiatów nie jest powszechne, mamy przed tym nawet pewne opory. W najlepszych restauracjach świata sezonowe świeże kwiaty podawane są jednak często do sałatek i innych potraw jako bardzo ekskluzywny dodatek. Może zatem warto spróbować?*
Powszechnie wiadomo, że jadalne i smaczne są kwiaty nagietka. Świetne są również kwiaty wielu ziół, na przykład oregano, tymianku, hyzopu, cząbru, szałwii, lawendy, mięty czy macierzanki polnej. Jadalne są też kwiaty mniszka (czyli mlecza), czarnego bzu, chabrów i dziewanny; kwiaty warzyw: cukinii, dyni, cykorii oraz owoców: poziomek i truskawek. Z naszych łąk i rabatek jadalne są na przykład bratek, aksamitka, hibiskus, bez (lilak), malwa, nasturcja, niecierpek, ślaz i niektóre odmiany róży. Pięknie wyglądają i doskonale smakują.
A dressing malinowy to kropka nad „i". Jest łatwy w wykonaniu i bardzo efektowny.

SKŁADNIKI (porcja dla 3–4 osób)

mieszanka świeżych sałat: na przykład masłowej, rzymskiej, roszponki, liści młodego szpinaku
świeże kwiaty jadalne
¼ szklanki listków świeżej bazylii
około 20 dkg sera feta lub koziego

dressing:
½ szklanki świeżych malin
¼ szklanki dobrego octu jabłkowego
2 łyżki octu balsamicznego lub malinowego
¼ lub ½ szklanki oliwy z oliwek
2 łyżki jasnego miodu lub ksylitolu
1 łyżeczka musztardy Dijon

WYKONANIE

Składniki dressingu dokładnie zmiksuj blenderem. Jeśli okaże się zbyt gęsty, możesz dodać trochę wody, ale prawdopodobnie zostanie jej nieco na sałacie po myciu, więc raczej nie będzie to potrzebne.
Sałaty umyj, osusz i porwij na kawałki, dodaj bazylię, polej dressingiem i delikatnie wymieszaj. Posyp serem i udekoruj kwiatami.

Sałatka w japońskim stylu

Przepyszna! Głównie za sprawą dressingu. Jego składniki mogą się wydawać nieco dziwne, ale gwarantuję, że efekt jest wyśmienity. Podaję proporcje na większą ilość, ponieważ można przechowywać go w lodówce przez kilka dni.

SKŁADNIKI (porcja dla 2–3 osób)

½ czerwonej papryki oczyszczonej z gniazd nasiennych i pokrojonej w podłużne paski
3 garście liści umytej i osuszonej sałaty
1 ogórek pokrojony w słupki
12 pomidorków koktajlowych przekrojonych na pół
garść szczypiorku
garść rukoli
garść wymieszanych prażonych pestek słonecznika, dyni i sezamu
sól morska i świeżo mielony czarny pieprz do smaku
3–4 łyżki dressingu
opcjonalnie garść kiełków fasoli mung

dressing:
2 szalotki lub małe cebulki
3 cm świeżego korzenia imbiru oczyszczonego ze skórki
2 ząbki czosnku wyciśnięte przez praskę
1 i ½ łyżki octu ryżowego
1 łyżka ketchupu
1 łyżeczka cukru trzcinowego
100 ml oleju ryżowego lub oliwy z oliwek *extra virgin*
3 łyżki sosu sojowego jasnego (najlepiej bio, bez chemicznych dodatków)

WYKONANIE

Wszystkie składniki dressingu zmiksuj ze sobą blenderem na jednolity, kremowy sos. Składniki sałatki wymieszaj ze sobą, dodaj dressing, wymieszaj i posyp z wierzchu pestkami.

Bób z serem feta, listkami szpinaku, czarnymi oliwkami i świeżymi ziołami

Zrobiłam tę sałatkę w niedzielne, sierpniowe popołudnie. Szpinak, zioła i bób przyniosłam z ogródka. Wyłuskałyśmy go razem z Helenką, śmiejąc się przy tym i bawiąc strączkami. Wszystko pięknie ułożyłam na talerzach. Zjedliśmy w promieniach słońca, pod kwitnącymi lipami. Codzienność zachwyca...

SKŁADNIKI (porcja dla 2–3 osób)

300–400 g ugotowanego do miękkości bobu i obranego ze skórki
100 g sera feta
100 g czarnych oliwek marynowanych w ziołach
garść posiekanej świeżej natki pietruszki
garść listków młodego szpinaku – umytych i osuszonych
kilka listków mięty – drobno posiekanych
kilka posiekanych gałązek świeżego oregano, cząbru lub hyzopu

mikstura:
1 lub 2 obrane ząbki czosnku
2–3 łyżki oliwy z oliwek
1 łyżeczka suszonych ziół prowansalskich
sok wyciśnięty z ½ cytryny
sól morska i świeżo mielony czarny pieprz do smaku

WYKONANIE

W moździerzu rozgnieć czosnek i utrzyj go z odrobiną soli, by uwolnił aromat. Następnie dodaj oliwę i zioła prowansalskie, całość dobrze wymieszaj i odstaw na bok, by mieszanka ziół nabrała aromatu. Na końcu dodaj sok z cytryny i całość wymieszaj.
Bób ugotuj do miękkości z dodatkiem soli i soku z cytryny (aby nie stracił koloru).
Na talerzu ułóż liście szpinaku, bób, oliwki, posyp kawałkami sera feta i świeżymi ziołami i całość polej miksturą z czosnkiem. W razie potrzeby dopraw solą i pieprzem.

Eggplant salad, czyli pieczone bakłażany z jogurtem

Ciepły wieczór na Krecie. Jemy kolację w maleńkiej, rodzinnej restauracji, przy stoliku pod starym drzewem oliwnym. Rozgwieżdżone niebo, blask świec, lekki podmuch wiatru od morza... Jutro promem popłyniemy na Santorini.
Zamawiam moją ulubioną sałatkę z pieczonego bakłażana. Zjem ją z chlebem domowej roboty. Nie potrzeba mi nic więcej do szczęścia. Jest dobrze.

SKŁADNIKI (porcja dla 2 osób)

1 duży bakłażan
1 mała cebulka
1–2 ząbki czosnku wyciśnięte przez praskę
4–5 łyżek gęstego naturalnego jogurtu
1 łyżka oliwy z oliwek
1 łyżka soku z cytryny lub białego octu winnego
sól morska i świeżo mielony czarny pieprz do smaku
czarne i zielone oliwki oraz liście świeżej mięty do ułożenia na wierzchu

WYKONANIE

Rozgrzej piekarnik do 190°C.
Nakłuj bakłażana widelcem z każdej strony w wielu miejscach, a następnie umieść na papierze do pieczenia i piecz około 30–35 minut. Po wyjęciu ostudź. Zdejmij skórę. Jeśli bakłażan jest zbyt miękki, by go obrać, przekrój na pół i miąższ wyjmij łyżką, ewentualnie nożem. Jeśli bakłażan ma dużo soku, delikatnie odciśnij go na sitku, a następnie umieść w misce. Zmiksuj razem z obraną cebulką i czosnkiem.
Dodaj jogurt, oliwę oraz sok z cytryny. Dobrze dopraw solą i pieprzem, a następnie dokładnie wymieszaj.
Podawaj z oliwkami, listkami świeżej mięty i grubo mielonym czarnym pieprzem, opcjonalnie z kawałkami cytryny i dodatkową łyżeczką oliwy z oliwek.
Chociaż jest to potrawa śródziemnomorska, moim zdaniem doskonale smakuje z egipską przyprawą (przepis na stronie 40).

PRZYSTAWKI I DODATKI

CZYLI

WARZYWA, KASZE, RYŻ

Widziałam pola gryki, jęczmienia i owsa.
Chodziłam pośród dojrzałych kłosów.
Dotykałam ziaren, myśląc o tym, że kryją w sobie nowe życie.
Mają w sobie siłę.
Mogą z nich wyrosnąć nowe rośliny, które nas nakarmią.
Dziękowałam Bogu.
Za dar ich spokoju i cierpliwego oczekiwania na żniwa.
Zbierałam w ogródku warzywa. Układałam je w koszykach.
Podziwiałam ich kształty i barwy. Twórczą moc Natury.
Cud życia.

WARZYWA

Zacznijmy od ziemniaków... W naszym kraju są najpopularniejszym dodatkiem do potraw. Nie twierdzę, że to źle, sama również je lubię – można przyrządzać z nich wiele smacznych dań. Jednak poza ziemniakami istnieje całe bogactwo innych warzyw, a także kasz, które świetnie sprawdzają się jako dodatek. Są równie smaczne, a czasem nawet smaczniejsze.

Nie o sam smak tu jednak chodzi, a o różnorodność, tak istotną w naszej diecie. Ważne jest, by dostarczać organizmowi jak najwięcej różnych składników odżywczych. W mojej ulubionej diecie „niełączenia" podstawą jest, by na jednym talerzu nie znalazły się białka i węglowodany. Dlatego od wielu już lat poszukuję zamienników ziemniaków i z sukcesem włączam je do naszego rodzinnego menu.

Podróże pokazały mi, jaką niezwykłą kulinarną fantazję mają ludzie! Z radością korzystam z pomysłów na dania z różnych stron świata. Wprowadzają do naszego jadłospisu świeżość i lekkość.

Pieczone warzywa

W domu pieczemy niemal wszystkie warzywa, jakie przyniesiemy z ogródka lub jakie kupimy. Włącznie z marchewką, korzeniem pietruszki, selerem, porami, buraczkami, szparagami, batatami, papryką, cebulą czy pasternakiem. Nauczyliśmy się tego podczas naszych podróży po świecie. Dzięki pieczeniu smak warzyw staje się wyjątkowy – bardzo wyrazisty, intensywny i słodki. Smakują wspaniale na ciepło i na zimno. Lubimy jadać je na przykład z sosem salsa verde, jako przystawkę, przekąskę lub danie główne, w towarzystwie ryżu, quinoi, kasz, gotowanej soczewicy, ryb lub serów. Eksperymentujemy również z różnymi rodzajami świeżych i suszonych ziół. Zapewne dlatego nasze pieczone warzywa zawsze smakują inaczej.

SKŁADNIKI (porcja dla 4 osób)

1 niewielka dynia oczyszczona i pokrojona na plastry
1 niewielka cukinia pokrojona na grube plastry
1–2 czerwone papryki oczyszczone z pestek i pokrojone wzdłuż na grube paski
12 szalotek lub małych cebulek oczyszczonych i przekrojonych na pół
sól morska i świeżo mielony czarny pieprz do smaku, 1 łyżka octu balsamicznego
Do pieczenia możesz też użyć bulwy kopru włoskiego pokrojonej w kliny, a 20 minut przed końcem pieczenia dodać jędrne pomidory przekrojone na pół.

marynata:
3–4 rozgniecione ząbki czosnku, 3 łyżki oliwy z oliwek lub oleju z pestek winogron
świeżo mielony czarny pieprz
2 łyżki suszonych przypraw kuchni śródziemnomorskiej do wyboru, na przykład tymianku, oregano, cząbru, hyzopu lub bazylii

WYKONANIE

Wymieszaj ze sobą składniki marynaty.
Włóż do dużej miski wszystkie pokrojone warzywa i pokryj je marynatą. Odstaw na 10 minut.
W tym czasie nagrzej piekarnik do 200–220°C.
Równomiernie wyłóż warzywa na płaską blachę posmarowaną olejem lub wyłożoną papierem do pieczenia.
Piecz w piekarniku na środkowej półce (ogrzewanie góra i dół) przez 25 minut, a następnie przewróć na drugą stronę i piecz nadal tak długo, aż warzywa staną się miękkie i lekko przypieczone na brzegach (zbyt krótko pieczone będą wodniste i pozbawione smaku). Pod koniec pieczenia możesz na kilka minut włączyć termoobieg. Po wyjęciu z piekarnika delikatnie zdejmij z papryki skórkę i dodaj do warzyw ocet balsamiczny oraz sól do smaku.

Cukinia pieczona z czosnkiem i ziołami

Na naszym rodzinnym stole bardzo często pojawia pieczona cukinia – pyszna alternatywa dla ziemniaków. Jest aromatyczna, słodka, delikatna i łatwa w wykonaniu. Gdy zostanie jej trochę więcej, staje się doskonałą przystawką z kawałkiem tostowanego pełnoziarnistego pieczywa lub z serem feta, kozim lub gorgonzolą.

SKŁADNIKI (porcja dla 2–3 osób)

1 kg cukinii pokrojonej na kawałki i oczyszczonej z gniazd nasiennych
1 łyżka oliwy z oliwek lub oleju z pestek winogron
1 główka czosnku
garść świeżych ziół – tymianku, cząbru, rozmarynu, bazylii, lubczyku
sól morska i świeżo mielony czarny pieprz do smaku

WYKONANIE

Nagrzej piekarnik do 200°C.
Cukinię wrzuć dla dużej miski i polej oliwą lub olejem. Dodaj pozostałe składniki i wymieszaj.
Wyłóż na blachę i wstaw do piekarnika. W zależności o wielkości kawałków pieczenie powinno trwać od 20 do 30 minut (można również włączyć termoobieg).
Najsmaczniejsza jest cukinia lekko chrupiąca.

Pieczone młode cebulki z rozmarynem

Twarda i ostra cebula po upieczeniu przechodzi całkowitą metamorfozę – staje się delikatna, słodka i miękka. Jada się ją we Włoszech, często z dodatkiem oliwy z oliwek i ziół oraz odrobiną dobrego octu balsamicznego. Niczego więcej jej nie potrzeba. Jest aromatyczna i pyszna, doskonale sprawdza się jako dodatek do potraw. Idealnie komponuje się z twardymi kozimi serami.

SKŁADNIKI (porcja dla 2 osób)

½ kg młodych cebulek lub szalotek
sól morska i świeżo mielony czarny pieprz do smaku
czosnkowa oliwa z oliwek z ziołami (moja autorska mikstura)
gałązki świeżego rozmarynu lub tymianku

WYKONANIE

Piekarnik nagrzej do 190°C.
Cebulki obierz i oczyść z końcówek. Ułóż je równomiernie na płaskiej blasze wyłożonej papierem do pieczenia. Skrop oliwą z oliwek z czosnkowo-ziołowym aromatem i posyp świeżymi ziołami.
Wstaw do piekarnika i piecz około 30–40 minut. Pod koniec pieczenia zwiększ temperaturę, by cebulki lekko się przypiekły – takie będą najsmaczniejsze. Piecz je tak długo, aż staną się zupełnie miękkie w środku (przed wyjęciem z piekarnika nakłuj je widelcem).
Na talerzu możesz je polać odrobiną dobrego octu balsamicznego i posypać solą oraz pieprzem.

Szpinak z suszonymi pomidorami w stylu śródziemnomorskim

Szpinak w różnych odsłonach to popisowe danie mojego męża. Przyrządza go na wiele różnych sposobów, ale ten wyjątkowo mnie zachwycił. W ogóle się nam nie nudzi! Jest prosty i szybki.

SKŁADNIKI (porcja dla 2–3 osób)

½ kg umytych i osuszonych liści szpinaku
2 łyżki oleju z pestek winogron
2 łyżki masła klarowanego
3 łyżki drobno pokrojonych suszonych pomidorów (mogą być w oliwie)
2–3 posiekane ząbki czosnku
sok wyciśnięty z ½ cytryny
sól morska i świeżo mielony czarny pieprz do smaku

WYKONANIE

Olej i masło podgrzej w szerokim rondlu o grubym dnie. Dodaj czosnek, a gdy lekko się zrumieni, wrzuć suszone pomidory, a następnie szpinak. Gdy liście szpinaku zmiękną i zaczną się gotować (trwa to około 4 minut), dodaj sok z cytryny oraz sól i pieprz. Delikatnie i dokładnie wymieszaj.

Szparagi pieczone

Czasem najprostsze rzeczy są najsmaczniejsze. Wystarczy tylko kilka świeżych składników, by powstało kulinarne cudo. Tak właśnie jest z tymi szparagami. Im mniej kombinowania, tym lepszy efekt. Tym bardziej, że szparagi same w sobie mają wyrafinowany i bardzo delikatny smak.
Moim zdaniem pieczone są dużo smaczniejsze niż gotowane (chociaż takie również lubię!). Po raz pierwszy jedliśmy je z Robertem w Londynie, wiele lat temu, w bardzo modnej restauracji. Wtedy było to dla nas kulinarne odkrycie. Z dodatkiem sosu teriyaki i prażonym sezamem stanowiły prawdziwą ucztę! Przepis podałam w mojej pierwszej książce, Smak życia, *ale warto go przypomnieć. Sezon na szparagi jest bardzo krótki, więc gdy nastanie, jemy je niemal każdego dnia, żeby się nimi nacieszyć.*
Pieczone szparagi można jadać jako przystawkę (na przykład posypane wiórkami dobrego parmezanu), polane właśnie sosem teriyaki i posypane prażonym sezamem, lub – takie proste, niemal saute, *jako doskonały dodatek do pieczonej ryby lub drobiu. Zimne są świetnym składnikiem różnego rodzaju sałatek.*

SKŁADNIKI (porcja dla 2 osób)

1 pęczek zielonych szparagów
sól morska i świeżo mielony czarny pieprz do smaku
czosnkowa oliwa z oliwek z ziołami (moja autorska mikstura)

WYKONANIE

Piekarnik nagrzej do 190°C.
Szparagi umyj w zimnej wodzie, odetnij twarde końcówki i osusz. Ułóż na płaskiej blasze wyłożonej papierem do pieczenia. Skrop oliwą z oliwek z czosnkowo-ziołowym aromatem. Wstaw do piekarnika i piecz około 20 minut. Pod koniec pieczenia możesz zwiększyć temperaturę, by szparagi lekko się zgrillowały (uważaj jednak, by nie przypalić delikatnych czubków, które są najsmaczniejsze).

Cykoria pieczona w soku z pomarańczy

Cykoria jest bardzo popularna w krajach śródziemnomorskich, gdzie często podaje się ją na ciepło. W Polsce nie cieszy się zbytnim uznaniem, ze względu na specyficzną goryczkę. Tymczasem to właśnie substancje odpowiedzialne za gorzkawy smak cykorii działają stymulująco na pracę wątroby i poprawiają trawienie. Aby zmniejszyć gorycz cykorii, przed pieczeniem można usunąć jej „serce".
Z liści cykorii wytwarza się inulinę – słodki błonnik, który ogranicza wchłanianie tłuszczów z przewodu pokarmowego. Jeśli po zjedzeniu cykorii wypijemy sporo wody, wówczas w jelitach tworzy się żelowata substancja wywołująca uczucie sytości. Dlatego cykoria jest doskonałym warzywem dla osób, które dbają o swoją sylwetkę i zdrowie. 100 gramów cykorii zawiera zaledwie 25 kcal, a jednocześnie wiele składników odżywczych, między innymi witaminy A i C, kwas foliowy, mangan oraz beta-karoten, który wspomaga odbudowę błon komórkowych skóry. Cykoria zawiera naturalne przeciwutleniacze, które chronią organizm przed wolnymi rodnikami i skutkami starzenia.
W naszym domu często pieczemy cykorię, również w soku z pomarańczy. Tak przyrządzoną można jeść jako przystawkę albo dodatek do ryb lub potraw z drobiu. Ja bardzo ją lubię w towarzystwie dzikiego ryżu, który polewam sosem powstałym podczas pieczenia.

SKŁADNIKI (porcja dla 2 osób)

4 cykorie
sok wyciśnięty z 2 pomarańczy
sok wyciśnięty z ½ cytryny
1 łyżeczka ziaren kolendry
2 łyżki świeżego masła
szczypta soli morskiej i opcjonalnie szczypta cukru

WYKONANIE

Piekarnik nagrzej do 180°C.
Cykorię oczyść, odetnij podstawy i przekrój wzdłuż. Ułóż w żaroodpornym naczyniu do pieczenia, polej sokiem z pomarańczy i cytryny, a następnie posyp ziarnami kolendry, solą i cukrem. Na wierzchu ułóż kawałki masła.
Przykryj pokrywką lub folią aluminiową i wstaw do piekarnika.
Piecz 30 minut, a następnie zdejmij pokrywkę (lub folię aluminiową), zwiększ temperaturę do 200°C (lub włącz opcję grillowania) i piecz, aż sok lekko wyparuje i zgęstnieje, a cykoria się przyrumieni.

eternal
see

FASOLKA SZPARAGOWA

Nigdy nie widziałam kraju, w którym jada się takie ilości fasolki szparagowej jak we Francji. Śmiem nawet posunąć się do stwierdzenia, że fasolka szparagowa jest narodowym warzywem Francuzów. Jada się jej tam co najmniej tak dużo jak u nas ziemniaków. Podawana jest w domach i restauracjach, na ciepło – do ryb i mięs, i na zimno, jako dodatek do różnego rodzaju sałatek. Niektórzy twierdzą nawet, że to dzięki temu klasycznemu połączeniu Francuzi są nacją szczupłą i długowieczną.
Fasolka szparagowa polecana jest dla wszystkich (nasza mała Helenka ją uwielbia!), ale zwłaszcza dla kobiet po czterdziestym roku życia. Zawiera kwas foliowy, witaminy z gruby B oraz fitoestrogeny. Te ostatnie są dla kobiet szczególnie cenne, ponieważ budową zbliżone są do żeńskich hormonów i mogą wpłynąć na zahamowanie rozwoju nowotworów piersi i szyjki macicy. Fitoestrogeny pomagają również zachować mocne kości, ponieważ zapobiegają osteoporozie. Naukowcy stwierdzili nawet, że substancje zawarte w fasolce mogą zwiększać gęstość kości u kobiet po pięćdziesiątym roku życia!
Gotowanie fasolki musi trwać co najmniej 10 minut, ponieważ surowa zawiera fazynę, która jest substancją trującą. Nie należy jednak gotować jej zbyt długo, by nie straciła swoich wartości odżywczych.

Fasolka szparagowa z kolendrą i imbirem

W Polsce najbardziej popularne jest jedzenie fasolki szparagowej z dodatkiem tartej bułki, ale można ją przyrządzić na wiele ciekawych sposobów. Podaję jeden z moich ulubionych. Tą fasolką zachwycają się wszyscy, którzy odwiedzają mnie latem.

SKŁADNIKI (porcja dla 4–6 osób)

800 g świeżej zielonej fasolki szparagowej umytej, oczyszczonej i ugotowanej w lekko osolonej wodzie
1 pęczek świeżej posiekanej kolendry
świeży imbir starty z 2 cm korzenia
1–2 ząbki czosnku starte na drobnej tarce
1 łyżka masła klarowanego lub oliwy z oliwek z pierwszego tłoczenia
sok wyciśnięty z ½ cytryny
sól morska do smaku

WYKONANIE

Na dnie garnka rozpuść masło klarowane, dodaj czosnek i imbir. Wrzuć ugotowaną fasolkę, dodaj sól, sok z cytryny oraz kolendrę. Całość delikatnie wymieszaj i od razu podawaj, na przykład jako dodatek do ryb lub kasz.

Fasolka szparagowa na sposób włoski

Mój Robert kiedyś mnie zaskoczył. Powiedział, że przygotowuje dla mnie fasolkę niespodziankę, więc muszę wyjść z kuchni, a potem zgadnąć, jakich składników użył. „To będzie proste!", pomyślałam, bo przecież w naszym domu przyrządzamy fasolkę szparagową na tak wiele sposobów, że nic nie mogło mnie zaskoczyć. Ale ten okazał się wyjątkowy. Co to za nowy smak?! Odgadłam wszystkie składniki poza jednym. Tym sekretnym były... anchois. Nigdy za nimi nie przepadałam, aż do tamtej chwili! Te małe fileciki, dodane do potrawy jako przyprawa, doskonale podbijają smak.
Robert wyjaśnił mi, że ten sposób przyrządzania fasolki jest bardzo charakterystyczny dla włoskiego regionu Genui. Przepis dostał od przyjaciela, który często bywa w tamtych stronach. I tak oto fasolka szparagowa z Genui znalazła się na liście naszych rodzinnych ulubionych przystawek.

SKŁADNIKI (porcja dla 3–4 osób)

600–700 g fasolki szparagowej umytej, oczyszczonej i ugotowanej w lekko osolonej wodzie
2 łyżki oliwy z oliwek *extra virgin*
2 łyżki masła klarowanego
4 posiekane i obrane ząbki czosnku
sok wyciśnięty z ¼ lub ½ cytryny
6 filecików anchois pokrojonych w drobne paseczki
sól morska i świeżo mielony czarny pieprz do smaku
garść posiekanej natki pietruszki

WYKONANIE

Ugotowaną fasolkę (powinna być miękka, ale jędrna) osusz na sicie. W garnku o grubym dnie podgrzej masło klarowane i oliwę, dodaj posiekany czosnek, lekko przesmaż, tak by się zarumienił, i dodaj fileciki anchois. Smaż jeszcze przez chwilę, aż staną się lekko chrupiące. Następnie dodaj fasolkę szparagową i całość wymieszaj. Dodaj sok z cytryny i natkę pietruszki. Garnek przykryj pokrywką i wstrząśnij nim energicznie, by wszystkie składniki się zmieszały.

KASZE

Coraz bardziej popularne stają się ryż i kasza gryczana sprzedawane w woreczkach do gotowania. Moim zdaniem taki sposób przyrządzania jest nie tylko niesmaczny i niezdrowy (gotowanie plastikowego worka nie może być zdrowe!), ale również niepraktyczny i uciążliwy. Podobno jest to oszczędność czasu i wygoda. Hmm... wyciąganie z wrzątku gorących woreczków, rozcinanie ich, parzenie sobie palców, odcedzanie, przesypywanie, brudzenie naczyń... Mnóstwo zamieszania i strata czasu! Tymczasem gotowanie ryżu i kaszy w klasyczny sposób jest bardzo proste i szybkie. Wsypujemy je po prostu do garnka, zalewamy wrzątkiem, gotujemy przez 20 minut i gotowe!
Aby utrzymać ciepło kaszy lub ryżu przez wiele godzin, warto wykorzystać starą, sprawdzoną metodę naszych babć, która kiedyś wzbudzała mój śmiech. Dzisiaj uważam, że jest genialna! Wystarczy zawinąć gorący garnek w gazetę i koc i ochrona termiczna zagwarantowana!

Kasza gryczana na sypko, przepis podstawowy

SKŁADNIKI (porcja dla 2–3 osób)

1 szklanka kaszy gryczanej
2 szklanki wrzącej wody
1 płaska łyżka masła klarowanego
szczypta soli morskiej

WYKONANIE

Kaszę opłucz na sicie pod bieżącą wodą. Na dnie garnka rozpuść masło, dodaj kaszę, wymieszaj dokładnie, by ziarenka oblepiły się tłuszczem, i zalej wrzącą wodą (zawsze w proporcji 1:2). Dodaj sól, bardzo dokładnie wymieszaj (by kasza nie przywierała) i doprowadź do wrzenia. Przykryj pokrywką i gotuj na bardzo małym, minimalnym ogniu przez 20 minut. W tym czasie kasza wchłonie całą wodę. Spulchnij ją widelcem, a stanie się sypka.
Kasza gryczana doskonale smakuje z dodatkiem sosu sojowego lub grzybowego sosu sojowego, którego można dodać zamiast soli tuż po ugotowaniu kaszy. To jest sekret mojej mamy.

Kasza jęczmienna na sypko

SKŁADNIKI (porcja dla 2–3 osób)

1 szklanka kaszy jęczmiennej (średniej lub grubej)
2 szklanki wrzącej wody
1 płaska łyżka masła klarowanego
szczypta soli morskiej do smaku

WYKONANIE

Postępuj tak jak z kaszą gryczaną.

Pęczak na sypko

SKŁADNIKI (porcja dla 2–3 osób)

1 szklanka pęczaku
2 i ½ szklanki wrzącej wody
1 płaska łyżka klarowanego masła
szczypta soli morskiej do smaku

WYKONANIE

Postępuj tak, jak z kaszą gryczaną, ale gotuj nieco dłużej – 25–30 minut.

Quinoa na sypko – przepis podstawowy

SKŁADNIKI (porcja dla 2–3 osób)

1 szklanka quinoi, 2 szklanki wrzącej wody, szczypta soli morskiej

WYKONANIE

Do garnka wsyp opłukaną i osuszoną quinoę, zalej wrzącą wodą, dodaj sól, dokładnie wymieszaj. Doprowadź do wrzenia i gotuj pod przykryciem na bardzo wolnym ogniu około 15–20 minut, od czasu do czasu mieszając. Quinoę gotuje się trochę krócej niż ryż, dlatego po 15 minutach należy sprawdzić, czy cała woda została wchłonięta przez ziarenka. Jeśli nie, można gotować bez przykrycia (by reszta wody odparowała), od czasu do czasu mieszając. Wiele osób spiera się co do sposobu gotowania quinoi – niektórzy uważają, że wystarczą proporcje 1:1 i ½ (stosunek quinoi do wody) i tylko 15 minut gotowania. Warto znaleźć swój idealny sposób…

Amarantus – przepis podstawowy

Ziarno amarantusa jest wyjątkowo zdrowe, dlatego – podobnie jak quinoa – zostało uznane za „superfood". Eksperci do spraw żywności nazwali amarantus „zbożem XXI wieku", choć jest to jedna z najstarszych roślin uprawnych świata. Przez Inków uważany był za skarb, mimo tego na setki lat odszedł w zapomnienie – aż do teraz. Naukowcy przeprowadzili wiele badań i stwierdzili, że jest to jedna z najzdrowszych i najbardziej odżywczych roślin świata.
Ziarno amarantusa jest bardzo drobne i podczas gotowania wydziela charakterystyczny zapach. Wiele osób uważa wręcz, że jest niesmaczne. Jednak amarantusa nie jada się samego – należy go łączyć z innymi ziarnami. Doskonale komponuje się choćby z quinoą. Niewielkie jego ilości dodaję również do zup, na przykład z soczewicy lub krupniku. Ugotowany amarantus dodaję do potraw, by podnieść ich wartości odżywcze – zawiera bowiem świetnie przyswajalne białko, żelazo, kwas foliowy, magnez, wapń, bardzo duże ilości błonnika, witamin oraz mikro- i makroelementów.

SKŁADNIKI (porcja dla 2 osób)

½ szklanki ziaren amarantusa, ¾ szklanki wody, szczypta soli morskiej

WYKONANIE

Amarantus zalej gotującą się wodą, doprowadź do wrzenia i gotuj pod przykryciem na bardzo wolnym ogniu przez 15–20 minut, aż stanie się miękki.

RYŻ

Stanowi podstawę wyżywienia ponad jednej trzeciej ludności świata. Uprawia się go w klimatach gorących, ale również znacznie bliżej, na przykład we Włoszech. Najzdrowszy, choć jednocześnie najmniej popularny w naszym kraju, jest ryż brązowy – naturalny, z pozostałą na nim warstwą otoczki, która sprawia, że jest on twardszy od białego i wymaga dłuższego gotowania (około 30–35 minut).
Odmiany, które najczęściej jadamy w naszym domu, to aromatyczny ryż jaśminowy (najbardziej rozpowszechniony w Tajlandii), ryż basmati (najpopularniejszy w Indiach) oraz ryż długoziarnisty (uprawiany również we Włoszech). Wszystkie te gatunki są delikatne i miękkie, gotuje się je zaledwie 15–20 minut.

Ryż na sypko – przepis podstawowy

SKŁADNIKI (porcja dla 2–3 osób)

1 szklanka ryżu basmati, jaśminowego lub długoziarnistego
2 szklanki wrzącej wody
1 łyżka masła klarowanego
szczypta soli morskiej

WYKONANIE

Ryż opłucz na sicie pod bieżącą wodą. Na dnie garna rozpuść masło. Wrzuć ryż, dokładnie wymieszaj, by ziarenka oblepiły się tłuszczem, i zalej wrzącą wodą (zawsze w proporcji 1:2). Dodaj sól, bardzo dokładnie wymieszaj, by ryż nie przywierał do dna, i doprowadź do wrzenia. Przykryj i gotuj na bardzo małym ogniu przez 20 minut. Przez ten czas ryż wchłonie całą wodę, będzie sypki i natychmiast gotowy do spożycia.

Ryż kokosowy

Tak przyrządzony jadałam w Tajlandii. Jest bardzo delikatny i aromatyczny.

SKŁADNIKI (porcja dla 2–3 osób)

1 szklanka ryżu basmati, jaśminowego lub długoziarnistego
1 łyżka masła klarowanego
300 ml mleka kokosowego
1 listek cytrynowy lub laurowy
1 łyżeczka skórki startej z dobrze wyszorowanej i sparzonej cytryny
drobno posiekane listki świeżej kolendry (ilość w zależności od upodobań)
sól morska do smaku

WYKONANIE

Opłucz ryż pod bieżącą wodą. Na dnie garnka rozpuść masło klarowane, dodaj ryż i dokładnie wymieszaj. Podgrzewaj na średnim ogniu przez mniej więcej 1–2 minuty, stale mieszając. Wlej mleko kokosowe, dodaj listek laurowy i około ½ łyżeczki soli (lub mniej). Dokładnie wymieszaj. Doprowadź do wrzenia i gotuj na bardzo wolnym ogniu przez 20 minut, aż ziarenka ryżu wchłoną całe mleko. Wyjmij listek laurowy, dodaj otartą skórkę cytryny oraz posiekane listki kolendry i całość wymieszaj, używając na przykład widelca, by jednocześnie spulchnić ryż.
Podawaj do roślin strączkowych i potraw z ryb, curry lub drobiu.

Ryż aromatyczny (indyjski pilaw)

Ryż gotowany z przyprawami jest bardzo popularny w Indiach. Z dodatkiem warzyw lub pokrojonych na kawałki suszonych owoców stanowi doskonałe danie sam w sobie.

SKŁADNIKI (porcja dla 3–4 osób)

1 szklanka ryżu basmati lub długoziarnistego
2 szklanki wody lub bulionu warzywnego
1 łyżka masła klarowanego
1 drobno posiekana szalotka lub mała cebulka
2 ząbki czosnku obrane i wyciśnięte przez praskę
1 kawałek kory cynamonu
¼ łyżeczki kurkumy
1 łyżeczka ziaren zielonego kardamonu
2 listki cytrynowe
garść posiekanych listków świeżej kolendry
sól morska do smaku

WYKONANIE

Ziarna kardamonu pokrusz w moździerzu lub dodaj do gotowania w całości – wtedy przed podaniem na talerze należy wyjąć je z ryżu.
Ryż opłucz na sicie pod bieżącą wodą. Na dnie garnka o grubym dnie podgrzej masło klarowane, dodaj szalotkę i czosnek, i podsmaż na lekko złoty kolor, stale mieszając przez mniej więcej 2 minuty.
Dodaj wszystkie przyprawy (poza kolendrą), ryż i sól, wymieszaj i zalej gorącą wodą lub bulionem. Doprowadź do wrzenia i gotuj pod przykryciem na bardzo wolnym ogniu około 20 minut, aż ryż wchłonie cały płyn. Usuń cynamon i kardamon, dodaj posiekane listki świeżej kolendry i całość dokładnie wymieszaj.
Podawaj jako samodzielne danie lub dodatek do potraw z roślin strączkowych, pieczonych lub gotowanych warzyw albo wszelkich potraw z ryb, drobiu lub mięs.

ZUPY

radosne, pachnące domem

Helenka przyszła na świat dzień wcześniej, niż przypuszczałam. Chciałam pięknie przygotować się na ten dzień, upiec ciasto, ugotować rosół, zrobić sałatkę… Nie zdążyłam.
Nasza kotka wierciła się na moim brzuchu inaczej niż zwykle, była wyraźnie podekscytowana. Poczułam pierwsze skurcze. „To ten moment, nie ma wątpliwości", pomyślałam.
„Robert, to już, zaczyna się. A tu rosół nieugotowany…", powiedziałam do zaspanego męża. Natychmiast zerwał się na równe nogi: „To ja ugotuję, nie martw się!".
I gotował ten rosół od samego rana, z taką pasją, jakby od tego zależała przyszłość świata. Przez cały poród czułam w domu zapach wolno gotujących się warzyw i przypraw, z zielem angielskim i liściem laurowym na czele. Z podpieczoną nad ogniem cebulką. Z młodym koperkiem i pokrzywą, którą Robert zerwał specjalnie po to, by nas wzmocniła – mnie po porodzie, a Helenkę poprzez mleko, które ode mnie dostanie.
Nie zapomnę tego smaku.
W mgnieniu oka dodał mi sił.
Najważniejszy rosół mojego życia.
Pełen miłości.

Idę do ogródka lub na bazar. Starannie wybieram najpiękniejsze warzywa – te młode i jak najbardziej świeże, najchętniej jeszcze z zielonymi liśćmi, które również dodaję do zup. Nauczyła mnie tego moja mama. A ją moja babcia. Niektóre wiążę w pęczki i zawijam sznurkiem, inne kroję i wrzucam do garnka. Są pełne najwspanialszych aromatów i zdrowia.

Chyba właśnie podczas gotowania zup najczęściej uśmiecham się do siebie, czuję się najbardziej wolna. Przecież tu nie ma żadnych sztywnych reguł. Najważniejsza jest moja pomysłowość i wyczucie!

Niektóre zupy są łagodne. Gdy ktoś zachoruje, gotuję je ze specjalną intencją wyzdrowienia. Koncentruję się na przywróceniu sił, wzmocnieniu, ale również wyczulonym i delikatnym smaku osoby chorej. Mieszając w garnku, modlę się o radość i zdrowie. Wyobrażam sobie tę osobę uśmiechniętą i w pełni sił. Dodaję kilka listków pokrzywy, latem świeżej, a zimą suszonej, zebranej na łące.

Gdy wszyscy są zdrowi, bawię się w kuchni. Czasem gotuję zupy polskie, bo kochamy smaki, które znamy z dzieciństwa, a czasem – zupy szalone od ilości przypraw i aromatów. Lubię zabierać moją rodzinę w kulinarne podróże. Przywoływać smaki Indonezji, Brazylii, Karaibów czy Izraela…

Często dodaję lubczyk, ze względu na wyjątkowy smak, ale również na jego magiczne właściwości. Niech w domu będzie miłość! Niech pożywienie nas czaruje…

Aromatyczny domowy bulion z warzyw

Moje zupy gotuję na domowym bulionie z warzyw. Przygotowanie takiego bulionu zajmuje wprawdzie trochę czasu, ale nie można porównać go z gotową kostką kupioną w sklepie. Według tradycyjnej medycyny chińskiej najbardziej wzmacniającymi dla nas potrawami są te, które zawierają w sobie energię życia – świeże warzywa i przyprawy długo gotowane na wolnym ogniu.
Zwykle brakuje nam czasu, by codziennie taki bulion przyrządzać, ale można przygotować jego większą ilość w dniu, gdy możemy sobie na to pozwolić, i przechowywać przez 4–5 dni w lodówce. Wrzący bulion można też wlać do czystych, wyparzonych słoików, dobrze zakręcić i odstawić do góry dnem. Gdy słoiki z wywarem ostygną, odwracam je i przechowuję w ciemnym i chłodnym miejscu nawet przez 3–4 miesiące!

SKŁADNIKI (porcja dla 3–4 osób)

3 dowolnie pokrojone marchewki
1–2 dowolnie pokrojone korzenie pietruszki
1 dowolnie pokrojony mały seler lub ½ dużej bulwy selera
2 dowolnie pokrojone cebule
2 dowolnie pokrojone średniej wielkości pory
3–4 dowolnie pokrojone ząbki czosnku
2 listki laurowe
kilka ziaren czarnego pieprzu
kilka ziaren ziela angielskiego
kilka gałązek natki pietruszki
sól morska i świeżo mielony czarny pieprz do smaku
8 szklanek wody

WYKONANIE

Warzywa włóż do garnka, dodaj przyprawy i zalej wrzątkiem. Doprowadź do wrzenia i gotuj pod przykryciem na wolnym ogniu przez mniej więcej 1 godzinę. Pod koniec gotowania dopraw solą i ewentualnie świeżo mielonym pieprzem. Odcedź.
Wywaru używaj do przygotowywania zup lub sosów. Możesz również pić sam – bardzo wzmacnia i świetnie odżywia!
Ugotowane warzywa możesz wykorzystać na przykład do przygotowania sałatki lub zjeść ciepłe jako dodatek do potraw.

Zupa szczawiowa pełna lata

To zupa mojego dzieciństwa. Kojarzy mi się z moim tatą, który uwielbiał uprawiać w ogrodzie warzywa i inne rośliny. To była jego pasja. Gdy tylko zaczynało pachnieć końcem zimy, nasz dom zamieniał się z mały ogród botaniczny. Na parapetach tato gęsto ustawiał pojemniki z kiełkującymi roślinkami. Troszczył się o nie, pielęgnował, mówił do nich. A one odwdzięczały mu się obfitymi plonami.
Szczaw akurat nie wymaga żadnej troski. Sam sobie radzi, nawet w najbardziej oddalonym miejscu ogrodu. Trzeba tylko uważać, by nie zjadły go szkodniki.

SKŁADNIKI (porcja dla 4 osób)

1 duży posiekany pęczek szczawiu
1 mały posiekany pęczek liści pokrzywy (jeśli nie masz, to dodaj więcej szczawiu)
2 marchewki pokrojone w plastry
1 pokrojony korzeń pietruszki
4 ziemniaki (opcjonalnie może być bez) pokrojone w kostkę
1 kawałek korzenia selera pokrojony w kostkę (świetne są również jego liście!)
1 por pokrojony w plastry
4 jajka ugotowane na twardo
1 łyżka masła klarowanego
1 cebula pokrojona w kostkę
4 ząbki czosnku pokrojone w plasterki
½ szklanki posiekanego koperku
½ szklanki posiekanej natki pietruszki
1 gałązka świeżego lubczyku (jeśli nie masz, to może być suszony)
2–2 i ½ l wody
4 łyżki śmietany lub jogurtu naturalnego
sól morska i grubo mielony czarny pieprz do smaku

WYKONANIE

Posiekaną cebulę i czosnek przesmażaj krótko na maśle klarowanym, dodaj świeżo mielony czarny pieprz i wrzuć wszystkie warzywa, a następnie posiekany szczaw i pokrzywę. Zamieszaj i zalej wrzącą wodą.
Dodaj lubczyk, trochę soli (delikatnie – resztę należy dodać pod koniec gotowania) i gotuj na wolnym ogniu około 20–30 minut, aż ziemniaki staną się miękkie.
Pod koniec gotowania dopraw solą i pieprzem i dodaj koper oraz natkę pietruszki.
Wlej na talerze, dodaj grubo pokrojone jajka i „kleksy" śmietany lub jogurtu. Z wierzchu posyp grubo mielonym czarnym pieprzem.

Wzmacniająca zupa z pokrzywy

Choć wielu osobom gotowanie zupy z pokrzywy może się wydawać nieco dziwne, zaręczam, że jest to nie tylko jedna z najbardziej oryginalnych, ale również najzdrowszych i najsmaczniejszych sezonowych zup. Przyrządzanie zupy z pokrzywy ma już w naszym domu wieloletnią tradycję.

Wiosną, gdy tylko pojawią się pierwsze gałązki pokrzywy, wkładam grube gumowe rękawiczki, biorę nożyce, koszyk i wyruszam na łąkę. Pokrzywa pojawia się jako pierwsza, gdy nie ma jeszcze zbyt wielu wiosennych zdrowych roślin, dlatego zbieram ją z radością i wdzięcznością. Wiem, że działa krwiotwórczo (zawiera mnóstwo żelaza), oczyszcza nerki i wzmacnia cały organizm. Dlatego jest wprost nieoceniona po miesiącach długiej zimy. Znawcy tematu wiedzą, że to roślina niesamowita, w ziołolecznictwie uchodzi za prawdziwy fenomen. Tradycyjnie cieszyła się sławą rośliny, która przedłuża życie, stawia na nogi rekonwalescentów, a dzieciom zapewnia siłę, odporność i zdrowe rumieńce. Dzisiaj mamy na to naukowe dowody.

Bardzo się cieszę, że nie muszę namawiać moich domowników do jedzenia zupy z pokrzywy – sami się o nią upominają! Smakuje jak delikatna zupa szczawiowa. Jest pełna najzdrowszych składników, naprawdę wyśmienita. Jest to zupa „rustykalna", wszystkie składniki kroję grubo, dodaję siekany koper, grubo mielony czarny pieprz i duży kleks naturalnego jogurtu lub śmietany.

SKŁADNIKI (porcja dla 3–4 osób)

3 garści świeżo zerwanej pokrojonej pokrzywy
3–4 pokrojone średniej wielkości ziemniaki, 1 posiekany por, 1 posiekana duża cebula
2 marchewki pokrojone razem z nacią (jeśli są młode)
1 pietruszka pokrojona razem z natką (jeśli jest młoda)
¼ pokrojonej bulwy selera lub posiekane liście młodego selera
4–5 posiekanych ząbków czosnku (może być posiekana garść czosnku niedźwiedziego)
śmietana według uznania, ½ łyżeczki gałki muszkatołowej
2 łyżki masła klarowanego, sól morska i świeżo mielony czarny pieprz do smaku
2 gałązki świeżego lubczyku (może być suszony), garść posiekanej natki pietruszki i kopru
2 litry wody

WYKONANIE

Liście pokrzywy (mogą być również łodygi, jeśli pokrzywa jest młoda) pokrój, używając gumowych rękawic. Na dnie garnka rozpuść masło, dodaj posiekaną cebulę, por i czosnek, lekko przesmaż, a następnie dodaj ziemniaki i marchewkę. Przemieszaj. Dodaj seler, lubczyk i całość zalej wrzącą wodą. Dodaj sól, gałkę muszkatołową oraz świeżo mielony czarny pieprz i gotuj na wolnym ogniu przez 10 minut. Następnie dodaj posiekaną pokrzywę i nadal gotuj przez następne 10–15 minut. Zupę można podawać z dodatkiem śmietany i pajdą razowego chleba lub grzankami.

Botwinka na ciepło, ja i mój zaczarowany ogród

Ta zupa to tak naprawdę zupełna improwizacja. Bawię się smakami i aromatami. Intuicyjnie dodaję do niej warzywa i zioła, jakie właśnie wyrosły w ogródku. Wiosną i wczesnym latem z radością witam każdy nowy okaz – młodziutki, pachnący, delikatny i słodki. To prawdziwa rozkosz i feeria smaków na talerzu. Dar natury. Okazało się, że liście buraczków są bardziej bogate w składniki odżywcze niż dojrzałe buraki. Mając tego świadomość, z jeszcze większą wdzięcznością wkładam do ust każdą łyżkę tej zupy.

SKŁADNIKI (porcja dla 2–3 osób)

1 duży pęczek botwinki pokrojony razem z buraczkami
2 młode cebule posiekane razem ze szczypiorkiem
1 pokrojony młody por
5 pokrojonych ząbków czosnku
2 pokrojone młode marchewki
2 młode pietruszki pokrojone razem z natką
1 mały młody seler umyty, oczyszczony i pokrojony razem z liśćmi
2 posiekane gałązki lubczyku

4–5 szklanek wody
1 łyżka masła klarowanego
1 listek laurowy
2–3 ziarna ziela angielskiego
½–1 łyżka naturalnego octu jabłkowego lub soku z cytryny
sól morska i świeżo mielony czarny pieprz do smaku
gęsta śmietana
duża garść posiekanego kopru

WYKONANIE

Na dnie garnka rozpuść masło, dodaj posiekane cebule, czosnek, świeżo mielony czarny pieprz i podsmaż. Dodaj wszystkie warzywa, krótko przesmażaj, mieszając, i zalej wodą. Dodaj liść laurowy, ziele angielskie, sok z cytryny (lub ocet jabłkowy), sól do smaku i gotuj przez 20–30 minut na wolnym ogniu. Gdy zupa się ugotuje, dodaj koper, wlej do miseczek i dodaj łyżkę śmietany. Z wierzchu posyp grubo mielonym czarnym pieprzem.

Zupa krem z białych, świeżych szparagów

Szparagi są dostępne tylko przez krótką chwilę, warto się więc nimi nacieszyć. Są bardzo delikatne, dobrze jest więc nie przesadzać z dodatkiem przypraw, by nie zdominowały ich smaku. Trzeba umiejętnie go wydobyć.
Trudno jest dostać w sprzedaży szparagi mrożone, ale z powodzeniem można je mrozić samemu w domu, podczas pełni sezonu. Ugotowana z nich zimą zupa również jest przepyszna.

SKŁADNIKI (porcja dla 3 osób)

500 g białych szparagów
50 g masła klarowanego
1 szalotka lub mała drobno posiekana cebulka
1 posiekany ząbek czosnku
4–5 szklanek wody lub bulionu z warzyw
2 żółtka
¼ szklanki gęstej śmietany
szczypta gałki muszkatołowej
sól morska i biały pieprz do smaku
odrobina posiekanej natki pietruszki

WYKONANIE

Dokładnie oczyść szparagi (ja to robię obieraczką do ziemniaków), usuń twarde końcówki, odetnij główki, a resztę pokrój na jednocentymetrowe kawałki.
Na dnie garnka rozpuść masło, krótko przesmaż cebulkę i czosnek, aby się zeszkliły.
Dodaj pokrojone szparagi (główki zostaw z boku) i podsmażaj jeszcze około 3–5 minut na wolnym ogniu.
Wlej gorący bulion (lub wodę) i gotuj tak długo, aż szparagi staną się całkiem miękkie – mniej więcej 20–30 minut, zależnie od grubości i wieku szparagów. Całość zmiksuj na krem (najlepiej ręcznym mikserem). Dodaj szczyptę gałki muszkatołowej, główki szparagów i gotuj na wolnym ogniu jeszcze przez 5 minut, aż staną się miękkie.
W misce wymieszaj śmietanę i żółtka. Zdejmij gotującą się zupę z ognia, wlej miksturę i podgrzewaj, mieszając, na bardzo delikatnym ogniu jeszcze przez chwilę, aż żółtka zagęszczą zupę. Mieszaj delikatnie, by nie zniszczyć główek szparagów.
Podawaj z natką pietruszki i kawałkiem stostowanego dobrego chleba polanego odrobiną czosnkowej oliwy z oliwek. Pycha!

Zupa z pasternaku pełna aromatycznych przypraw

Pewnego lata zauważyliśmy, że w naszym ogródku wyrosło coś dziwnego. Miało duże, jędrne liście, których kształtu nie znaliśmy. Postanowiliśmy się temu bacznie przyglądać. Późnym latem pojawił się gruby korzeń. Miałam problem, aby go wyrwać. Siłowałam się z nim jak w tej bajce o rzepce!
Warzywo wyglądało jak dorodny korzeń pietruszki. Ale nim nie było. Miało zupełnie inny zapach. Po ugotowaniu okazało się, że ma również inną konsystencję i smakuje inaczej – jakoś pomiędzy ziemniakiem i korzeniem pietruszki, ale o wiele delikatniej. Gdy przyjechała moja mama, spojrzała na nas z uśmiechem: „Przecież to pasternak!". Skąd się u nas wziął? „O rety, to ja go posiałem! Zupełnie o tym zapomniałem!", powiedział Robert. Od tego czasu śmieję się za każdym razem, gdy widzę pasternak, a w ogródku każda roślina jest już dokładnie podpisana.

SKŁADNIKI (porcja dla 3–4 osób)

700 g obranego i pokrojonego pasternaku
400 ml mleka kokosowego, 3 pokrojone łodygi selera naciowego
3 cm świeżego korzenia imbiru oczyszczonego ze skórki
2 posiekane średniej wielkości cebule, 3–4 posiekane ząbki czosnku
1 łyżeczka nasion kuminu, 1 łyżeczka nasion kminku
½ łyżeczki ostrej papryki, szczypta mielonych goździków
½ łyżeczki garam masali, ½ łyżeczki tymianku
1 łyżeczka jasnego miodu, sok z cytryny do smaku
1 listek laurowy, sól morska i świeżo mielony czarny pieprz do smaku
2 łyżki masła klarowanego, 1 i ½ litra gorącej wody
garść posiekanej natki pietruszki lub świeżej kolendry

WYKONANIE

Na suchym dnie garnka o grubym dnie upraż kumin i kminek, a gdy ziarna zaczną delikatnie pękać, dodaj masło klarowane, wsyp posiekaną cebulę i czosnek, pokrojony seler, starty na tarce korzeń imbiru i resztę przypraw. Duś na małym ogniu przez około 10 minut.
Następnie dodaj pasternak oraz mleko kokosowe i zalej wrzącą wodą. Dodaj listek laurowy i gotuj przez 40 minut, aż pasternak będzie zupełnie miękki. Jeśli zupa jest zbyt gęsta, to dodaj trochę wody. Po ugotowaniu całość zmiksuj na krem. Dopraw sokiem z cytryny, miodem, solą i pieprzem. Posyp posiekanymi, świeżymi listkami natki pietruszki i kolendry.

Zupa z pieczonej cukinii z listkami świeżej bazylii

Ta zupa jest podróżą do Włoch. Kiedy przychodzi sezon na cukinię, w naszym domu nastaje czas „wariacji na temat". Robimy z cukinii wiele dań, włącznie z taką oryginalną zupą. Gdy dodamy do niej piórka dobrego parmezanu i grzanki z razowego chleba, mamy świetne danie jednogarnkowe. Wystarczy za cały obiad. Bez tych dodatków jest najbardziej sycącą i dietetyczną zupą świata!

SKŁADNIKI (porcja dla 3–4 osób)

1 kg cukinii wydrążonej i pokrojonej w plastry (gdy jest wyrośnięta) lub w całości (gdy jest młoda)
2 cebule – 1 pokrojona w grube plastry, 1 posiekana
1 pokrojona marchewka, 1 pokrojona pietruszka
½ pokrojonego selera, 1 posiekany por
5 posiekanych ząbków czosnku
3 łyżki oleju z pestek winogron
1 litr gorącej wody, sok wyciśnięty z ½ cytryny
1 szklanka listków bazylii, 1 łyżka oliwy
sól morska do smaku, świeżo mielony czarny pieprz

WYKONANIE

Piekarnik nastaw na 200°C z termoobiegiem.
Cukinię i plastry cebuli wyłóż na płaską blachę, polej 2 łyżkami oleju i piecz przez 20 minut. Muszą być lekko przyrumienione – to nada zupie wyjątkowego aromatu.
W tym czasie w garnku rozgrzej 1 łyżkę oliwy i podsmaż drugą cebulę, czosnek i świeżo mielony czarny pieprz, a następnie pora. Zalej wrzącą wodą, a następnie dodaj marchewkę, pietruszkę i seler. Gotuj przez 15 minut na wolnym ogniu, aż warzywa staną się miękkie.
Upieczoną cukinię i cebulę wrzuć do garnka, dodaj posiekane listki bazylii (zostaw trochę do udekorowania zupy), sól do smaku i całość gotuj przez chwilę, aż wszystkie warzywa będą miękkie. Następnie delikatnie całość zmiksuj, dodaj sok z cytryny i sól do smaku. Jeśli zupa jest zbyt gęsta, dodaj gorącą wodę w takiej ilości, by miała konsystencję, jaką lubisz, i mieszając od czasu do czasu, zagotuj ją.
Można podawać z grzankami z razowego chleba, posypać prażonymi pestkami dyni lub świeżo startym parmezanem.

Zupa z pieczonej dyni z imbirem, przyprawami i pomidorami

Gdy kończy się lato, kształty i barwy dyni poprawiają mi nastrój. Zachwycają. Koją, dając błogie poczucie obfitości i pełni.
Zupę z dyni przygotowuję na dziesiątki różnych sposobów. W naszym domu uwielbiamy je wszystkie. Dynia to jedno z najbardziej wdzięcznych warzyw do kulinarnych eksperymentów. Prawdziwy cud natury! Pokrojoną na kawałki można od razu ugotować w zupie, ale dużo więcej smaku i aromatu wydobędziemy z niej, gdy włożymy ją najpierw do piekarnika. Stanie się wówczas intensywna i bardzo słodka.
Dynia doskonale komponuje się z imbirem, mlekiem kokosowym i świeżą kolendrą. Gęsta zupa wspaniale syci, a z dodatkiem aromatycznych przypraw również miło rozgrzewa. Prawdziwe jesienne ukojenie.

SKŁADNIKI (porcja dla 3–4 osób)

1 dojrzała dynia o wadze około 2 kg
2 średniej wielkości cebule, 2 posiekane ząbki czosnku
875 ml wody lub bulionu z warzyw
1 szklanka obranych ze skórki i pokrojonych pomidorów (mogą być z puszki)
szczypta tartej gałki muszkatołowej
1–2 łyżeczki harissy, szczypta cynamonu
sól morska i świeżo mielony czarny pieprz do smaku, 1–2 łyżki oliwy z oliwek
opcjonalnie do posypania z wierzchu: odrobina posiekanej kolendry, natki pietruszki, prażone pestki dyni, drobno pokruszony parmezan lub około 115 g sera koziego

WYKONANIE

Piekarnik nagrzej do 180–190°C.
Dynię przekrój na pół, łyżką usuń gniazda nasienne, skrop odrobiną oliwy z oliwek i połóż na blachę wyłożoną papierem do pieczenia. Połóż na niej również całe cebule, w skórkach, nieobrane.
Piecz przez mnie więcej 1 godzinę, aż dynia stanie się zupełnie miękka i lekko przypieczona z góry, a cebule rumiane i również przypieczone (to nada zupie wyjątkowego aromatu).
Gdy dynia lekko przestygnie, wydrąż łyżką cały miąższ (usuwając skórę).
Cebule obierz ze skórki. Upieczoną dynię i cebule zmiksuj blenderem na gładkie purée.
Na dnie garnka podsmażaj przez chwilę posiekany czosnek. Dodaj dyniowe purée, pokrojone pomidory i pozostałe przyprawy oraz sól i pieprz do smaku. Całość podgotuj. Jeśli zupa jest zbyt gęsta (powinna być gęsta), dodaj trochę wody.
Wlej na talerze lub do miseczek, posyp natką pietruszki, świeżą kolendrą lub prażonymi pestkami dyni.

Magiczna zupa z czerwonej soczewicy

Ta zupa zdumiewa. Jest tak pyszna, że po pierwszej łyżce człowiek dosłownie zamiera. „Boże, dziewczyno, coś ty wyczarowała?!", krzyknął mój mąż, gdy skosztował jej po raz pierwszy. Po setnym razie jest równie zachwycony! Lubię wtedy patrzeć na jego rozpromienioną twarz. To się nazywa smak miłości!

SKŁADNIKI (porcja dla 3–4 osób)

200 g czerwonej soczewicy łuskanej, dobrze opłukanej
1 duża drobno posiekana cebula
4 posiekane ząbki czosnku
1 łyżeczka nasion kolendry świeżo rozbitych w moździerzu
1 łyżeczka słodkiej mielonej papryki ostrej
2 dojrzałe pomidory obrane ze skórki i pokrojone w kostkę
400 ml (1 puszka) mleka kokosowego
2 łyżki drobno posiekanej trawy cytrynowej (może być świeża, mrożona lub ze słoiczka)
2 listki cytrynowe
3 i ¾ szklanki wrzącej wody
sok wyciśnięty z ½ limonki lub cytryny
1 pęczek posiekanej świeżej kolendry
1 łyżka oleju z pestek winogron
sól morska i świeżo mielony czarny pieprz do smaku

WYKONANIE

Podgrzej olej w szerokim rondlu, dodaj cebulę, czosnek, trawę cytrynową oraz rozbite nasiona kolendry. Całość przesmaż tak, by cebula lekko się zeszkliła, ale nie zbrązowiała. Następnie dodaj opłukaną soczewicę, mleko kokosowe, wrzącą wodę i resztę składników. Całość wolno zagotuj i dokładnie wymieszaj. Gotuj na wolnym ogniu około 30 minut, aż soczewica stanie się zupełnie miękka i zacznie się rozpadać (zupa musi być gęsta). Dodaj sok z cytryny i dopraw solą i pieprzem. Gotową zupę posyp świeżą kolendrą.

Ucha – nasza zupa romantyczna

Któregoś wieczoru, a było to na początku naszej znajomości, Robert zaprosił mnie na kolację... Na dworze siarczysty mróz, a nas otuliło ciepłe wnętrze Cariny na warszawskiej Starówce (dziś już tej restauracji nie ma...). Pachniało drewnem. Kelnerzy przywitali nas kieliszkiem mocnej wódki na rozgrzanie. Znaleźliśmy się w świecie niczym z carskiej Rosji. Przebogaty wystrój, na ścianach bajeczne malowidła... Nastrój był niezwykły. Tego wieczora raczyliśmy się wieloma wyśmienitymi daniami, ale ta zupa! Najpierw pojawił się kelner z wielką wazą, za nim kroczył następny z dymiącymi i żarzącymi się jeszcze drewienkami. Kiedy waza z parującą zupą znalazła się stole, włożył je do środka, drewno zaskwierczało i uniósł się dym. Zamieszał drewienkami zupę, wyjął je i odłożył na bok. Mogliśmy już skosztować potrawę. Miała niepowtarzalny aromat, także dzięki drewnu z olchy.
Wspomnienie tej kolacji mam w sobie do dziś, a ucha już zawsze będzie mi się kojarzyć z romantycznym wieczorem, pełnym uczucia i pysznego jedzenia.

SKŁADNIKI (porcja dla 4–5 osób)

1 kg filetów z ryb – mieszane kawałki, według uznania (mogą to być sandacz, łosoś, karp, okoń, miętus, dorsz, halibut, sieja, sielawa, sum, lin, tołpyga, leszcz)

2 łyżki masła klarowanego
2 duże pokrojone cebule, 3 duże pokrojone marchewki
3 duże pokrojone ziemniaki, 3 duże obrane i pokrojone pomidory
4–5 pokrojonych ząbków czosnku, 6–8 ziaren ziela angielskiego
4 liście laurowe, 1 łyżeczka nasion kolendry
opcjonalnie ½ łyżeczki nasion kminku
sól morska i świeżo mielony czarny lub biały pieprz do smaku
posiekana natka pietruszki i kopru, około 8 szklanek wody

WYKONANIE

Filety* pokrój na kawałki, niezbyt małe, ale też niezbyt duże, żeby zmieściły się na stołowej łyżce. Na dnie garnka rozpuść masło i podsmaż pokrojone cebulę i czosnek, aż się zeszklą, a następnie dodaj marchewkę. Przemieszaj. Zalej wrzącą wodą, dodaj przyprawy i ziemniaki i gotuj na wolnym ogniu przez mniej więcej 20 minut.
Delikatnie włóż kawałki ryby i pomidory, doprowadź do wrzenia i gotuj na wolnym ogniu około 15 minut.
Gdy ryba się ugotuje (uważaj, żeby jej kawałki się nie rozpadły), posyp wszystko natką pietruszki.

* *Jeśli masz całą rybę, możesz użyć również głowy i ugotować z niej wywar.*

A JAKO DANIE GŁÓWNE…

Weszliśmy do domu po długiej podróży. Zmęczeni, stęsknieni, wreszcie u siebie.
Myślałam o tym, co przygotuję na obiad...
Na kuchence zobaczyłam garnek, a na nim kartkę z uśmiechniętą buzią i napisem: „Smacznego".
Podniosłam pokrywkę i ujrzałam ślicznie ulepione, jeszcze ciepłe ruskie pierogi.
Na stole pod kloszem świeżo upieczone ciasto.
To nasza Przyjaciółka zrobiła nam niespodziankę.
Nakarmiła nie tylko nasze ciała. Nakarmiła nasze serca.
Dziękuję...

Wychowałam się w kraju kotletów schabowych z ziemniakami i kapustą, ale należę już do „pokolenia świata" – otwartego na nowe smaki. Czerpię z tradycji, ale umiem się cieszyć kulinarną różnorodnością. Lubię sushi, potrawy indyjskie i tajskie, ale z taką samą radością jem kaszę gryczaną z leśnymi grzybami, mięciutkie kluski śląskie i zawsze uwielbiane przez mnie młode ziemniaki z koprem, czosnkiem i jajkiem sadzonym.

W naszej kuchni spotykają się smaki dzieciństwa i wakacji na wsi, dalekich podróży i dobrej codzienności. Smakujemy życie.

Dania główne mogą być wymyślne i bogate od przypraw, jak choćby kurczak jamaican jerk czy makrele pieczone w cytrusach. Ale mogą też być bezpretensjonalne – jak gołąbki z kaszy gryczanej. Wszystko zależy od tego, na co mamy chęć i w jakim jesteśmy nastroju.

Gnocchetti di zucca, czyli prawdziwe włoskie kluseczki z dyni, z parmezanem, rozmarynem i świeżą szałwią

Uwielbiamy te kluski, chociaż tak naprawdę klasyczne włoskie gnocchi nigdy się nam nie udały! Gdy robiliśmy je po raz pierwszy w sobotnie popołudnie, ciasto okazało się zbyt rzadkie, by mogły z niego powstać tradycyjne ruloniki (które następnie kroi się na „kopytka" i robi widelcem rowki na sos lub masło). Nie chcieliśmy dodawać więcej mąki. „Co robić?", zastanawiałam się głodna i trochę już zniecierpliwiona (głodny Byk to zły Byk!). „Już wiem!", krzyknął Robert i z zadowoloną miną oznajmił: „Ugotujemy je tak jak moja babcia! Jak kluski kładzione. Setki razy widziałem, jak ona to robi!".
Mama Roberta zmarła, gdy miał dziesięć lat. Wychowywała go ukochana babcia Stasia. Zostali na świecie tylko we dwoje. Potrzebowali siebie, kochali się, byli blisko. Robert spędził z babcią w kuchni wiele godzin, gotując razem z nią i pomagając we wszystkich przygotowaniach. Chyba właśnie dlatego dzisiaj tak znakomicie gotuje. W moim osobistym rankingu mistrzów kuchni ma wszystkie gwiazdki, z całego nieboskłonu!
Za sprawą przypadku tradycją w naszym domu stało się więc robienie kładzionych gnocchetti di zucca. W ten sposób połączyliśmy kraje i pokolenia. Od tego czasu wypróbowaliśmy wiele oryginalnych włoskich przepisów. Ten jest bez dodatku ziemniaków, co sprawia, że kluski są naprawdę bardzo dyniowe i pyszne.

SKŁADNIKI (porcja dla 4 osób)

1 i ½ kg dyni (najlepiej suchej, piżmowej)
250 g mąki pszennej
120 g startego parmezanu
2 jajka od „szczęśliwych" kur
około 50 g klarowanego masła
1 ząbek czosnku wyciśnięty przez praskę
1 łyżeczka posiekanych listków świeżego rozmarynu
szczypta świeżo startej gałki muszkatołowej
sól morska i czarny pieprz do smaku
masło klarowane do polania
listki świeżej szałwii
opcjonalnie około ½–1 szklanki mleka (jeśli dynia jest bardzo sucha, a ciasto zbyt twarde)

WYKONANIE

Oczyścić i obierz dynię, a następnie pokrój ją na plastry o grubości około 1 cm. Wymieszaj je z rozmarynem i ugotuj do miękkości na parze.

Gdy dynia trochę przestygnie, zmiksuj ją na gładkie purée. Dodaj całe jajka, ząbek czosnku, szczyptę soli i gałkę muszkatołową. Wymieszaj.

Następnie stopniowo dodawaj mąkę oraz parmezan i cały czas mieszając, ugnieć miękkie ciasto. Jeśli jest bardzo gęste (wszystko zależy od rodzaju dyni!), możesz stopniowo dodawać trochę mleka, by uzyskać odpowiednią konsystencję.

W dużym garnku zagotuj wodę. Do delikatnie gotującej się wody wrzucaj stołową łyżką nabrane ciasto, które po ugotowaniu będzie wyglądało jak kluseczki. Po każdym włożeniu porcji ciasta zanurz łyżkę we wrzątku, by ciasto się nie przyklejało.

Gotuj kluseczki około 5 minut na niezbyt dużym ogniu. Gdy wypłyną na powierzchnię, gotuj je jeszcze przez 1–2 minuty, a następnie łyżką cedzakową delikatnie przełóż do ceramicznego naczynia. Aby kluseczki się nie sklejały, możesz je polać odrobiną oliwy z oliwek lub od razu roztopionym masłem.

Na patelni roztop masło i wrzuć na chwilę posiekane listki szałwii.

Po ułożeniu kluseczek na talerzach polej każdą porcję masłem z szałwią i posyp resztą tartego parmezanu.

Kluski śląskie pani Kasi

Prawdziwe kluski śląskie najlepiej smakują... na całym świecie! Dobrze zrobione są warte grzechu. Bajecznie miękkie, dosłownie rozpływają się w ustach. W sklepie takich nie kupisz.
Zachwycamy się włoskimi kluseczkami (i słusznie), ale nasze polskie bywają od nich nawet lepsze! Pani Kasia zdradziła mi ich sekret – ziemniaki trzeba zmielić, gdy są jeszcze gorące. To gwarantuje delikatność.
Moja Helenka uwielbia nie tylko robić w nich dziurki swoim małym paluszkiem, ale również je jeść. Claudio, włoski przyjaciel mojego syna, zachwycił się tymi kluskami. Z pełnymi ustami oświadczył, że nigdy w życiu nie jadł nic lepszego!

SKŁADNIKI (porcja dla 3 osób)

1 kg ziemniaków
mąka ziemniaczana
sól morska
masło klarowane

WYKONANIE

Obrane ziemniaki ugotuj do miękkości w lekko osolonej wodzie.
Odcedź i jeszcze gorące przeciśnij przez praskę do ziemniaków lub zmiel w maszynce.
Następnie purée ziemniaczane przełóż do miski i dokładnie wyrównaj powierzchnię. Podziel je na 4 równe części (na krzyż). 1 ćwiartkę przełóż do innej miski i w powstałe puste miejsce wsyp mąkę ziemniaczaną (tyle ile było ziemniaków).
Następnie dodaj odłożone ziemniaki i zagnieć jednolite ciasto.
Jeśli będzie się kleić, to delikatnie dodawaj stopniowo jeszcze trochę mąki (z umiarem).
Z powstałego ciasta ulep małe kulki. Każdą lekko spłaszcz i zrób palcem niewielkie wgłębienie (na sos).
W dużym garnku zagotuj wodę i dodaj sól. Wrzucaj kluseczki na wrzątek partiami. Delikatnie zamieszaj, żeby nie przykleiły się do dna garnka.
Gotuj około 2 minut od chwili wypłynięcia kluseczek na powierzchnię. Wyjmuj łyżką cedzakową i polewaj lekko roztopionym masłem klarowanym, żeby kluseczki się nie sklejały.
Cudownie smakują polane nie tylko masłem klarowanym, ale i wszelkimi sosami. My najczęściej robimy do nich sos szpinakowy z czosnkiem i śmietaną.

Kotleciki z zielonej soczewicy ze świeżymi ziołami

Te kotleciki bardzo mi przypominają arabski falafel (który niezwykle lubię!). Zazwyczaj staram się nie jeść potraw smażonych, ale przecież czasem takie małe odstępstwo nie zaszkodzi. A te kotleciki są moim zdaniem tego warte. Zwłaszcza z dodatkiem jogurtu miętowego.

SKŁADNIKI (porcja dla 3–4 osób)

350 g zielonej soczewicy, 1 drobno posiekana cebula
3 drobno posiekane ząbki czosnku, 1 łyżka masła
4 łyżki bułki tartej, 1 lub 2 jajka od „szczęśliwych" kur
½ łyżeczki kurkumy, 1 łyżeczka przyprawy curry
½ łyżeczki mielonego kuminu lub kminku
2 łyżki drobno posiekanej natki pietruszki
2 łyżki drobno posiekanych listków świeżej mięty
2 łyżki posiekanej świeżej kolendry
1 łyżeczka cząbru (lub innych ziół, na przykład tymianku, oregano, bazylii)
sól morska i świeżo mielony czarny pieprz do smaku
olej z pestek winogron i mąka do smażenia

jogurt miętowy:
250 ml gęstego jogurtu naturalnego, 1–2 łyżeczki bardzo drobno posiekanych listków mięty
sok wyciśnięty z ¼–½ cytryny, 1 ząbek czosnku wyciśnięty przez praskę

WYKONANIE

Zieloną soczewicę zalej 4 szklankami gorącej wody, dodaj szczyptę soli, doprowadź do wrzenia i gotuj pod przykryciem na bardzo wolnym ogniu przez 30 minut, aż stanie się całkiem miękka. Odcedź nadmiar wody, ostudź i zmiksuj na pastę o grubszej strukturze.
Podsmaż na maśle cebulkę i czosnek. Dodaj tartą bułkę, cebulkę, jajko i resztę składników, dopraw do smaku i wszystko dokładnie wymieszaj.
Ulep małe kotleciki i obtocz je w mące. Podgrzej olej na patelni i smaż z obu strony przez mniej więcej 4 minuty, do zrumienienia. Wykładaj na bibułkę lub pergamin, by odsączyć nadmiar tłuszczu.
Wymieszaj ze sobą wszystkie składniki jogurtu miętowego. Podawaj z kotlecikami.
Można je zawijać w chleb pita, tak jak na przykład kebab lub falafel, i podawać z dużą ilością świeżych warzyw typu: sałata, pokrojony pomidor czy ogórek.

Quinoa z grillowanymi warzywami

Samo zdrowie! (O właściwościach tego ziarna piszę na stronie 110). Lubię eksperymentować z tą rośliną, jest wdzięcznym materiałem do kulinarnych odkryć i połączeń.

SKŁADNIKI (porcja dla 3–4 osób)

quinoa:
1 szklanka quinoi, 2 szklanki bulionu warzywnego* lub wody
1 liść laurowy, 1 drobno posiekana cebula, 3 drobno posiekane ząbki czosnku
2 łyżki oleju z pestek winogron, ½ łyżeczki mielonej kolendry
1 łyżeczka kuminu, świeży imbir starty z 3 cm korzenia
sok wyciśnięty z ½ cytryny
sól morska do smaku, świeżo mielony czarny pieprz
1 duży pęczek natki pietruszki lub kolendry umyty i posiekany

warzywa:
2 cukinie (może być mniej lub więcej, w zależności od wielkości) pokrojone na plastry lub wzdłuż (gdy są małe)
2 duże czerwone papryki pokrojona na ćwiartki, 2 cebule pokrojone na grube plastry

marynata do warzyw:
2–3 łyżki oleju z pestek winogron, 2 ząbki czosnku wyciśnięte przez praskę
sól i świeżo mielony czarny pieprz do smaku
suszone zioła w zależności od upodobania: cząber, bazylia, tymianek, oregano, hyzop

oraz
1 cytryna pokrojona na ćwiartki
opcjonalnie po łyżce gęstego, naturalnego jogurtu na każdą z porcji

WYKONANIE

Zmieszaj ze sobą składniki marynaty i umieść w niej cukinię, paprykę i cebulę. Wymieszaj i odstaw na bok.
Ugotuj quinoę: zalej ziarna wrzącym bulionem, dodaj liść laurowy, dopraw odrobiną soli i gotuj pod przykryciem na wolnym ogniu przez 15–20 minut.
Po upływie 20 minut quinoa powinna wchłonąć całą wodę. Należy spulchnić ją widelcem, by stała się sypka. Wyjmij liść laurowy.

**Jeśli nie masz bulionu, bez problemu możesz użyć kostki bulionowej bez chemicznych dodatków. W sklepach ze zdrową żywnością można już kupić kostki ekologiczne i zdrowe. Możesz też dodać łyżeczkę przyprawy z suszonych ziół, jakich używa się do zup (również bez chemicznych dodatków).*

W dużym rondlu o grubym dnie podgrzej olej z pestek winogron, dodaj świeżo mielony czarny pieprz, cebulę i czosnek. Przesmażaj kilka minut, a następnie dodaj przyprawy oraz imbir i dokładnie wymieszaj, aby się „przegryzły". Dodaj ugotowaną quinoę, natkę pietruszki i sok z cytryny. W razie potrzeby dopraw solą. Przykryj i odstaw.
Na mocno rozgrzanej patelni grillowej równomiernie rozprowadź olej, najlepiej za pomocą specjalnego pędzelka. Ułóż cukinię, paprykę i cebulę. Zmniejsz ogień z mocnego na średni i grilluj warzywa około 5 minut, aby zmiękły i lekko się przypiekły. Odwróć na drugą stronę i czynność powtórz. Gdy warzywa będą gotowe, dopraw solą i świeżo mielonym czarnym pieprzem.
Na talerzach ułóż quinoę, na wierzchu warzywa i całość posyp resztą natki pietruszki lub kolendrą. Całość można doprawić sokiem z cytryny. Można podawać z gęstym, naturalnym jogurtem.

Złota quinoa z leśnymi grzybami

Chodzenie po lesie traktujemy z Robertem jak najlepszy wypoczynek. Zbieranie grzybów jest do tego świetnym pretekstem. Nigdzie człowiek nie pozbywa się stresu tak dobrze jak pośród drzew. Ptaki, cisza i ten niepowtarzalny zapach... Czasem zamieramy na chwilę z zachwytu, boimy się poruszyć, by nie spłoszyć chwili. Spoglądamy na siebie, uśmiechamy się i idziemy dalej. Nie potrzeba żadnych słów. Lubię wyobrażać sobie, jak to jest być drzewem, trwającym w ciszy, cierpliwie znoszącym wszystko, co dzieje się wokół. Aż dziw, że udaje mi się przynieść do domu jakieś grzyby!
To prawdziwe odkrycie, że quinoa smakuje tak swojsko z dodatkiem leśnych grzybów. Moim zdaniem jest to połączenie doskonałe.

SKŁADNIKI (porcja dla 3–4 osób)

1 szklanka quinoi
2 szklanki bulionu z warzyw lub wody
½ łyżeczki kurkumy, ½ łyżeczki przyprawy curry
1 liść laurowy, sok wyciśnięty z ½ cytryny
1 duży drobno posiekany pęczek natki pietruszki
1 ząbek czosnku wyciśnięty przez praskę
sól morska i świeżo mielony czarny pieprz do smaku
grzyby
4 szklanki oczyszczonych i grubo pokrojonych leśnych grzybów (borowików, podgrzybków, rydzów, kurek, gołąbków)
1 posiekana duża cebula, 4 posiekane ząbki czosnku
1 łyżka tymianku świeżego lub suszonego, 3 łyżki masła klarowanego
sól morska i świeżo grubo mielony czarny pieprz do smaku

WYKONANIE

Ugotuj quinoę: zalej ją wrzącym bulionem (lub wodą), dodaj liść laurowy, kurkumę oraz curry, dopraw solą i gotuj pod przykryciem na wolnym ogniu przez 20 minut. Po upływie tego czasu ziarenka powinny wchłonąć całą wodę. Należy spulchnić je widelcem, by stały się sypkie. Usuń listek laurowy. Dodaj czosnek, natkę pietruszki (zostaw trochę do udekorowania gotowej potrawy) i sok z cytryny. Całość wymieszaj.
Usmaż grzyby: na rozgrzanej patelni o grubym dnie rozpuść masło klarowane, dodaj świeżo mielony czarny pieprz, posiekaną cebulę i czosnek. Smaż przez kilka minut, od czasu do czasu mieszając. Gdy cebula zacznie się złocić, dodaj grzyby. Smaż na dosyć silnym ogniu, często mieszając, aż grzyby staną się złote i pięknie przysmażone. Nie zapomnij przed końcem smażenia dodać tymianek.

Gołąbki z kaszy gryczanej z grzybami

Te gołąbki to specjalność mojej mamy. Uwielbiam je. Przygotowuje mi je bardzo często, gdy przyjeżdżam do Białegostoku, lub gdy razem spędzamy wakacje. Ja sama rzadko je robię, bo moim zdaniem są bardzo czasochłonne. Zdaniem mamy – przeciwnie, nie ma przy nich żadnej roboty! Imponuje mi jej punkt widzenia.

SKŁADNIKI (porcja dla 4 osób)

1 główka kapusty (o niezbyt ściśle przylegających liściach)
400 g ugotowanej kaszy gryczanej
½ kg umytych i drobno posiekanych pieczarek (mogą być grzyby leśne – gołąbki będą smaczniejsze)*
2 jajka od „szczęśliwych" kur, 1 duża drobno posiekana cebula
2 łyżki masła klarowanego, 4 drobno posiekane ząbki czosnku
garść drobno posiekanej natki pietruszki, 1 łyżka suszonego majeranku
2 łyżeczki sosu sojowego (świetny jest sos sojowy grzybowy)
1 posiekany pęczek koperku, 1 łyżka ziaren kminku
świeżo mielony czarny pieprz, sól morska do smaku
bulion warzywny, kilka ziaren ziela angielskiego, kilka listków laurowych

WYKONANIE

Usuń zewnętrze liście kapusty.
W bardzo dużym garnku zagotuj wodę i włóż do niej kapustę. Gdy zewnętrze liście zmiękną, wyjmij kapustę i odetnij je nożem. Następnie powtarzaj tę czynność tak długo, aż odetniesz wszystkie liście kapusty. Cebulę i czosnek przesmaż na maśle na złoty kolor. Dodaj grzyby i usmaż je na silnym ogniu. Gdy będę gotowe, dodaj je do ugotowanej kaszy. Dopraw sosem sojowym i świeżo mielonym czarnym pieprzem. Dodaj natkę pietruszki, jajko, majeranek i garść koperku. Dokładnie wymieszaj.
Na sparzonych liściach kapusty układaj nadzienie, boki liści zawijaj do środka, a całość ciasno zroluj, formując gołąbki.
Na dnie garnka o grubym dnie ułóż kilka liści kapusty i ciasno układaj na nich gołąbki. Całość zalej gorącym, dobrze doprawionym bulionem z warzyw, dodaj ziele angielskie, liście laurowe i kminek. Gotuj na bardzo małym ogniu pod przykryciem około 1 godziny (w zależności od tego, czy kapusta jest młoda, czy starsza). Możesz je również piec w żeliwnym rondlu lub żaroodpornym naczyniu w piekarniku nagrzanym do 200°C przez mniej więcej 30 minut lub 1 godzinę (w zależności od wieku kapusty).
Do gołąbków możesz zrobić sos pomidorowy lub śmietanowy i obficie posypać posiekanym koperkiem.

** Wspaniałe są gołąbki z leśnymi grzybami świeżymi lub suszonymi, które wcześniej należy namoczyć, obgotować, a następnie przesmażyć.*

Tarta z serami i karmelizowanym czosnkiem

To popisowe danie mojego męża. Wspaniałe! Przyrządza je jako niespodziankę, gdy chce mi sprawić przyjemność. Ja również piekłam taką tartę, ale mam wrażenie, że w jego wykonaniu jest smaczniejsza.

SKŁADNIKI (porcja dla 4–5 osób)

ciasto kruche:
200 g mąki pszennej, 100 g zimnego masła
3 łyżki zimnej wody, ½ łyżeczki soli morskiej

nadzienie:
3 średniej wielkości główki czosnku, 1 łyżka oliwy z oliwek
1 łyżka octu balsamicznego, 220 ml wody, 100 g sera mozzarella
100 g sera feta, 50 g sera gorgonzola, 2 jajka od „szczęśliwych" kur
200 ml śmietany, 1 łyżka cukru, 1 łyżeczka posiekanego świeżego lub suszonego rozmarynu
1 łyżeczka posiekanego świeżego lub suszonego tymianku
sól morska i świeżo mielony czarny pieprz do smaku

WYKONANIE

Zagnieć kruche ciasto, uformuj je w kulę i włóż do lodówki na 30 minut. Nagrzej piekarnik do 200°C. Wyłóż ciastem spód formy do pieczenia tart – o przekroju 28 cm (powinna być wyższa niż do tart słodkich, najlepiej ceramiczna). Ciasto równomiernie nakłuj widelcem (aby nie wybrzuszyło się podczas pieczenia) i piecz około 20 minut lub tak długo, aż będzie rumiane. Odstaw na bok. Zredukuj temperaturę piekarnika do 160°C.
W czasie gdy spód ciasta się piecze, zrób karmelizowany czosnek: ząbki czosnku umieść w rondelku i zalej wrzącą wodą. Gdy zacznie się gotować, odczekaj 3 minuty. Odcedź i osusz. Wytrzyj rondelek, podgrzej oliwę i wrzuć na nią ząbki czosnku. Smaż czosnek przez mniej więcej 2 minuty. Dodaj ocet balsamiczny i zalej wrzącą wodą. Gotuj na małym ogniu przez 10 minut. Dodaj cały cukier, zioła i sól. Nadal gotuj na małym ogniu przez 10 minut lub tak długo, aż woda się wygotuje, a czosnek będzie pokryty ciemnym karmelowym syropem. Odstaw na bok. Sery pokrój na małe kawałki (możesz użyć tarki o grubych oczkach), dokładnie wymieszaj ze sobą i wyłóż na upieczony spód tarty. Równomiernie na całej powierzchni dodaj karmelizowany czosnek i polej to wszystko czosnkowo-ziołowym syropem.
W misce zmieszaj ze sobą jajka ze śmietaną, solą i pieprzem i delikatnie zalej nimi ser z czosnkiem. Wierzch tarty możesz ozdobić gałązkami świeżego rozmarynu.
Wstaw do piekarnika nagrzanego do 160°C i piecz około 40–50 minut, aż wierzch tarty stanie się złotawy. Wyjmij z piekarnika i odstaw na chwilę, by potrawa lekko przestygła i stężała. Podawaj z kruchymi, zielonymi sałatami.

FABRICS
COLOUR
PHONE:312
THANGAVELU
FACTORY (BEHIND BUS STAND)

Szybkie hinduskie curry z cieciorki

Ta potrawa to mój ratunek, gdy mam bardzo mało czasu na przygotowanie obiadu. Jest prosta, szybka i pyszna – i gotowa w 20 minut. Z odrobiną Orientu!
Gdy przygotowujemy curry, w tym samym czasie nastawiamy ryż (basmati, jaśminowy lub długoziarnisty). Gotuje się spokojnie na wolnym ogniu, podczas gdy my robimy nasze błyskawiczne curry.
Mój syn niezmiennie jest zdziwiony: „Jak to, obiad już gotowy?". A tak, mama jest czarodziejką! Nie wiedziałeś?

SKŁADNIKI (porcja dla 4 osób)

2 puszki cieciorki
1 puszka krojonych pomidorów (400 g)
1 posiekana cebula
4 posiekane ząbki czosnku
1 łyżka masła klarowanego lub oleju z pestek winogron
1 łyżeczka ostrej papryki
1 łyżeczka słodkiej papryki
1 łyżeczka kurkumy
1 łyżeczka mielonego kuminu
½ łyżeczki mielonej kolendry
1 łyżeczka garam masali
garść rodzynek
garść posiekanej kolendry lub natki pietruszki

WYKONANIE

Na dnie garnka podgrzej klarowane masło lub olej, dodaj cebulę i czosnek. Smaż, mieszając, aż staną się zeszklone i miękkie. Dodaj wszystkie przyprawy i dokładnie wymieszaj.
Dodaj odsączoną cieciorkę i pomidory razem z sokiem, a następnie rodzynki.
Duś pod przykryciem na małym ogniu około 10–15 minut.
Gotową potrawę możesz posypać garścią świeżej kolendry lub natki pietruszki.
Dla osób, które mają więcej czasu, proponuję samodzielne przygotowanie cieciorki (suche ziarna należy moczyć przez całą noc, a następnie ugotować do miękkości) oraz sporządzenie sosu ze świeżych pomidorów – uprzednio sparzonych, obranych ze skórki i posiekanych na kawałki.

Łosoś pieczony w świeżych ziołach

W naszym domu łososia jadamy często. Lubimy przyrządzać go w marynatach, których niekwestionowanym mistrzem jest Robert. Po swojemu dobiera składniki, improwizuje. W skupieniu sieka, wyciska, dorzuca, miesza. Potem wszystko miksuje blenderem, piecze w tej „miksturze" rybę i wszyscy nieomal mdleją z zachwytu.
W kwestii marynat ja jestem tym zdyscyplinowanym członkiem rodziny. Oto podstawowy przepis na moją marynatę do łososia (zawsze się sprawdza).

SKŁADNIKI (porcja dla 3–4 osób)

3–4 filety z łososia

marynata:
sok wyciśnięty z 1 cytryny
2 łyżki oleju z pestek winogron
4 ząbki czosnku
2 łyżki jasnego miodu
2 łyżki sosu sojowego jasnego
2–3 cm świeżego korzenia imbiru oczyszczonego ze skórki
sól morska i świeżo mielony czarny pieprz do smaku
kilka gałązek świeżego rozmarynu lub tymianku
opcjonalnie ćwiartki pokrojonej cytryny do ułożenia na talerzach

WYKONANIE

Wszystkie składniki marynaty zmieszaj z sobą blenderem.
Filety z łososia umyj i dobrze osusz papierowym ręcznikiem. Umieść je w marynacie, tak by pokrywała je dokładnie, z każdej strony. Pozostaw, by ryba marynowała się przez co najmniej 2 godziny.
Piekarnik nagrzej do 190°C.
Filety razem z marynatą piecz na blaszce lub w naczyniu żaroodpornym około 20–25 minut. Na 5–10 minut przez końcem pieczenia ułóż na rybie gałązki świeżych ziół.

Łosoś karmelizowany z Karaibów

Przyznaję, że podczas przyrządzania tego łososia w kuchni sporo się dzieje. Skwierczy i trochę się dymi – jak w karaibskich knajpkach pod gołym niebem. Na tym polega urok tej potrawy. Jest tak oryginalna i smaczna, że warto potem wyszorować kuchnię!

SKŁADNIKI (porcja dla 4 osób)

4 filety łososia (około 150 g każdy)
4 łyżki oleju słonecznikowego lub z pestek winogron
2 łyżki drobnego cukru trzcinowego
sok wyciśnięty z 2 cytryn
1 lub ½ oczyszczonej z pestek i drobno posiekanej papryczki chili
1 łyżka posiekanego świeżego tymianku
4 ząbki czosnku wyciśnięte przez praskę

WYKONANIE

Na dnie garnka o grubym dnie podgrzej olej i dodaj cukier. Delikatnie podgrzewaj, aż cukier się rozpuści i zacznie się karmelizować. Następnie dodaj łososia, zwiększ ogień na średni, przykryj pokrywką i podgrzewaj około 3 minut. Delikatnie obróć rybę, bardzo uważając, ponieważ karmel może pryskać. Każdy płat ryby posmaruj z wierzchu czosnkiem, dodaj chili i sok z cytryny, po czym natychmiast całość przykryj, ponieważ będzie pryskać. Duś przez mniej więcej 3–5 minut.
Jeśli ryba po tym czasie jest już gotowa, możesz ją podawać, jeśli nie (to zależy od wielkości i grubości filetów), to duś na wolnym ogniu tak długo, aż stanie się w całości ugotowana.

GOULDIAN FINCH
DESERT ROSE
MELVILLE IS
COOKTOWN ORCHID

Makrele pieczone z pomarańczami, świeżym tymiankiem cytrynowym, zielem angielskim i młodą cebulką

Cudowny sposób na przyrządzenie makreli! Ryba ma bardzo oryginalny smak, jest aromatyczna. Przepis pochodzi z karaibskiej wyspy St. Martin. Tymianek cytrynowy rośnie w moim ogródku. Ma charakterystyczny, cytrusowy zapach. Można też użyć zwyczajnego tymianku, świeżego lub suszonego.

SKŁADNIKI (porcja dla 3 osób)

3 makrele dobrze oczyszczone*
12 ziaren ziela angielskiego, 12 ziaren czarnego pieprzu
3 łyżeczki mielonego cynamonu, sól morska
3–4 łyżki oleju z pestek winogron
2 pomarańcze (niewoskowane lub porządnie umyte szczoteczką i sparzone wrzątkiem)
sok wyciśnięty z ½ pomarańczy, 4 czerwone cebulki – obrane i pokrojone na ćwiartki
2 łyżki cukru trzcinowego, 6 gałązek świeżego tymianku cytrynowego
4 listki laurowe, grubo posiekana natka pietruszki do posypania z wierzchu

WYKONANIE

Piekarnik nagrzej do 170°C (góra i dół równomiernie).
Zmiksuj (w mikserze) lub rozdrobnij (używając moździerza i tłuczka) ziele angielskie, czarny pieprz, cynamon oraz 2 płaskie łyżeczki soli, a następnie dodaj olej i całość wymieszaj na gęstą pastę. Umyte i osuszone z wody makrele natnij w poprzek ostrym nożem (z każdej strony zrób trzy nacięcia) i dokładnie natrzyj rybę z wierzchu, wewnątrz oraz w nacięciach pastą (której część pozostaw do posmarowania pomarańczy i cebulek). Posmarowane pastą ryby odstaw na bok, aby się marynowały. Pokrój pomarańcze na grube plastry i razem z ćwiartkami cebulek posmaruj pozostałą częścią pasty. Ułóż na dnie naczynia żaroodpornego i nie przykrywając, wstaw do nagrzanego piekarnika na 15–20 minut (pomarańcze i cebulki nie powinny być zbyt miękkie). Posyp pomarańcze i cebulki cukrem trzcinowym, dodaj tymianek i listki laurowe, a następnie połóż na to ryby. Całość równomiernie polej sokiem z pomarańczy. Wstaw do piekarnika i piecz około 20 minut, aż ryby będą miękkie i równo upieczone (możesz sprawdzić wnętrze ostrym nożem w najgrubszym miejscu ryby).
Przed podaniem polej powstałym sosem i posyp posiekaną natką pietruszki.

* *Kupuję mrożone, w opakowaniu znajdują się trzy sztuki.*

Kurczak marynowany w sosie garam masala

Smaki Indii. Bogactwo przypraw i aromatów. Porcja sosu w tym przepisie jest na tyle duża, że można zamarynować w nim kurczaka, a resztę podać na talerzu na zimno, jako dodatek do kurczaka, pieczonych warzyw lub ryżu.

SKŁADNIKI (porcja dla 4 osób)

4 piersi kurczaka

sos / marynata:
250 ml jogurtu naturalnego
5 łyżeczek garam masali
½ łyżeczki kurkumy
2–3 ząbki czosnku wyciśnięte przez praskę
1 łyżka oliwy z oliwek
sok wyciśnięty z ½ cytryny
garść posiekanych listków świeżej kolendry
ewentualnie sól morska do smaku

WYKONANIE

Wmieszaj ze sobą wszystkie składniki marynaty i odstaw, żeby się „przegryzły".
Umyte i dobrze osuszone piersi kurczaka lekko natnij wzdłuż z obu stron (by marynata dostała się do środka) i dobrze, grubo natrzyj marynatą. Na każdy kawałek kurczaka użyj 2–3 łyżki sosu, a resztę odstaw – wykorzystasz go później. Marynuj przez do najmniej 2 godziny.
Nagrzej piekarnik do 220°C. Przełóż kurczaka razem z sosem, w którym się marynował, do otwartej brytfanki, wstaw do piekarnika i po 5 minutach zmniejsz temperaturę do 200°C .
Piecz 30–40 minut.
Po ułożeniu na talerzach dodaj do każdej porcji trochę zimnego sosu.
Tak przyrządzony kurczak jest dobry zarówno na ciepło, jak i na zimno, do sałatek.

Smak Jamajki, czyli kurczak jamaican jerk

Jamaican jerk jest jedną z najbardziej popularnych kombinacji przypraw na Karaibach. Każda szanująca się pani przygotowuje tam tę mieszankę według swojej własnej, sekretnej receptury. Oryginalnie przyprawy używano do marynowania mięs oraz drobiu, obecnie stosuje się ją także do ryb i krewetek.
Komponować tę przyprawę można na mnóstwo sposobów, w różnych proporcjach. Są jednak takie składniki, bez których jamaican jerk nie może się obejść: to tymianek, ziele angielskie (zwane tam jamajskim pieprzem), rum oraz ostra papryczka chili. Mieszkańcy Jamajki stosują odmianę scotch bonnet, która uważana jest za najostrzejszą papryczkę chili, jaka w ogóle jest uprawiana. Praktycznie nie można jej dostać w Polsce. Jeśli jednak uda się ją zdobyć, to trzeba pamiętać, aby kroić ją wyłącznie w gumowych rękawiczkach. Zawarte w niej olejki są tak silne i żrące, że mogą podrażnić dłonie. Nie chcę nawet sobie wyobrażać, co mogłoby się stać z okiem... Cóż, ja nie ryzykuję i używam łagodniejszych odmian.
Kurczaka jamaican jerk tradycyjnie podaje się z gotowaną czarną fasolą i ryżem, odrobiną salsy z mango, pieczonymi batatami albo grillowanymi ananasami. I takie właśnie połączenia – ostre, słodkie i aromatyczne – smakują mi najbardziej.

SKŁADNIKI

6 udek kurczaka bez skóry

marynata:
2 duże garści grubo posiekanej dymki lub 4 szalotki
mały pęczek świeżego tymianku lub 1 łyżka suszonego
3 pokruszone liście laurowe, 1 łyżeczka ziela angielskiego
1 łyżeczka cynamonu, ½ łyżeczki goździków
½ łyżeczki mielonej gałki muszkatołowej, 6 łyżek ciemnego rumu
6 łyżek soku wyciśniętego z 1 limonki lub cytryny, 6 łyżek soku wyciśniętego z 1 pomarańczy
4 łyżki cukru trzcinowego, 2 łyżki sosu sojowego jasnego
6 ząbków czosnku, 3–4 cm oczyszczonego korzenia imbiru bez skórki
2 łyżki oliwy z oliwek, sól morska i świeżo mielony czarny pieprz do smaku
1 ostra papryczka chili oczyszczona z nasion

WYKONANIE

Wszystkie składniki marynaty i dokładnie zmiksuj na sos. Natrzyj nim i polej umytego i osuszonego kurczaka, a następnie odstaw, najlepiej na całą noc.
Jeśli masz taką możliwość, to następnego dnia zrób kurczaka grillowanego (oryginalny robiony jest w wersji barbecue i wolno pieczony). Jeśli nie – nagrzej piekarnik do 190°C i piecz udka przez mniej więcej 1 godzinę. Pod koniec pieczenia włącz termoobieg lub funkcję grilla i przypiecz kurczaka z wierzchu.

Pasztet z cukinii

Pewnego lata cukinia w naszym ogródku obrodziła nadzwyczajnie. Istne bogactwo! Wspaniale, tylko co począć z taką „klęską urodzaju"? Powoli kończyły mi się pomysły. Chwyciłam za telefon, zadzwoniłam do mamy. I co słyszę? „O widzisz, świetnie się składa! Wczoraj rozmawiałam z przyjaciółką, która mieszka w Stanach, i dostałam od niej dwa, takie specjalne, przepisy. Na ciasto z cukinii i pasztet z cukinii. Ciasto już upiekłam, bardzo dobre, a pasztet również powinien być smaczny. Spróbuj!". „Mamo, cudownie, właśnie tego było mi trzeba!". I tu jak zwykle nastąpiły gorączkowe poszukiwania notatnika i długopisu. Ale zaraz potem nastał moment, który tak bardzo lubię: przekazywanie „sekretnego przepisu". Uwielbiam, gdy kobiety doradzają sobie wzajemnie, dzielą się tajemnicami swojej kuchni. Moja mama jest w tym niezwykła. Tyle w niej ciepła, gdy tak cierpliwe, a jednocześnie z nutą ekscytacji w głosie, dyktuje składniki, a przy okazji radzi, jak to zrobić najlepiej.
To tak, jakby w jednej chwili przepis na pasztet z cukinii pokonał ocean, dotarł do Białegostoku, a zaraz potem do mnie. Okazał się świetny. Podałam go dalej.
Od siebie dodałam trochę przypraw, czosnek i dużo ziół. Pasztet jest delikatny…

SKŁADNIKI

3 szklanki cukinii (bez pestek!) startej na tarce o grubych oczkach i dokładnie odciśniętej z soku
1 duża, obrana i starta na tarce marchewka, 2 drobno posiekane cebule
4–5 posiekanych ząbków czosnku, ½ szklanki oliwy z oliwek lub z pestek winogron
½ szklanki tartej bułki wymieszanej z odrobiną mleka, ½ łyżeczki kurkumy
½ łyżeczki przyprawy curry, 1 łyżka warzywnej przyprawy do zup (bez glutaminianu sodu!)
4 jajka od „szczęśliwych" kur, 1 duży posiekany pęczek natki pietruszki
posiekane świeże zioła: lubczyk, hyzop, oregano, tymianek, bazylia, koperek (świeże zioła można zastąpić suszonymi)
sól morska i świeżo mielony czarny pieprz do smaku

WYKONANIE

Piekarnik nagrzej do 190–200°C.
Cebulę i czosnek podsmaż na oleju, by stały się miękkie. Dodaj świeżo mielony czarny pieprz i suszone zioła, jeśli takich używasz. Świeże zioła dodaj na końcu.
Formę do pieczenia dokładnie wysmaruj tłuszczem i wysyp odrobiną tartej bułki.
W dużej misce starannie wymieszaj wszystkie składniki, najlepiej ręką. Masę przełóż do foremki. Piecz w nagrzanym piekarniku przez 1 godzinę.
Świetnie smakuje polany cudowną miksturą mojej mamy (przepis na stronie 31) lub posypany przyprawą dukkah (przepis na stronie 40).
Smacznego! I niech dalej wędruje w świat...

LA DOLCE VITA

CZYLI

PORA NA COŚ SŁODKIEGO

LAUGH
Nothing is worth more than this
CREATE YOUR OWN
HAPPINESS
Be

Niezależnie od tego, co przyniesie życie,
zawsze możesz upiec ciasto.

Skąd się wzięło to powiedzenie w moim życiu? Przeczytałam je gdzieś, usłyszałam w filmie, a może sama wymyśliłam...? Dziś już nie pamiętam, jest ze mną od tak wielu lat!

Pieczenie ciast jest czarowaniem rzeczywistości. Przenoszeniem do innego wymiaru. Domową aromaterapią.

Wsypuję do miski składniki i ogarnia mnie poczucie wdzięczności za masło, jajka i mąkę. Za słodycz skórki kandyzowanej i cudowny aromat wanilii. Za Naturę, za życie. Niezależnie, co ono przynosi, ja piekę ciasto. Wszystkie problemy odkładam na bok. Mieszam i ubijam, ucieram i doprawiam. Kojące, znajome zapachy. Uśmiecham się. Tworzę. Żyję. Świat się nie zawalił i się nie zawali.

Włączam piekarnik. Dom wypełnia się ciepłem i obietnicą rozkoszy. Zaglądam przez szybkę piekarnika, widzę, jak ciasto rośnie, uważam, by się nie spaliło. Wszystko dobrze.

Gdy ciasto lekko przestygnie, nie mogę się już doczekać i kroję ciepły jeszcze kawałek. Przyglądam mu się, wchłaniam jego zapach. I jestem niesamowicie ciekawa, jak smakuje! To właśnie jest ta największa niespodzianka. I niech zawsze tak będzie, niech pieczenie ciasta za każdym razem będzie przygodą!

Zapach domowego ciasta przywraca poczucie porządku i spokoju. Ponury dzień zamienia w święto. Zatrzymujemy się. Jesteśmy w domu. Razem.

Moje ciasta są naprawdę domowe. Pyszne, szybkie i łatwe w wykonaniu. Pełne owoców, orzechów, migdałów i innych składników, które sprawiają, że są zdrowe. Mój styl gotowania jest naturalny i bezpretensjonalny. Życie pokazało mi, że wyszukane i skomplikowane potrawy wcale nie są najsmaczniejsze. Wręcz przeciwnie. Im prościej, tym lepiej i smaczniej.

Używam produktów wysokiej jakości, ale w przyzwoitej cenie, świeżych i bez chemicznych dodatków. Moje przepisy na ciasta są tak proste, że może je wykonać nawet osoba bez żadnego doświadczenia i zacięcia kulinarnego. Zależy mi na jak najlepszym efekcie w jak najkrótszym czasie. Przecież mam w życiu tak wiele innych zajęć, no i przede wszystkim małe dziecko.

Jestem osobą, która z racji wykonywanego zawodu musi być szczupła. Staram się unikać jedzenia słodkości w ciągu tygodnia, ale daję sobie całkowitą dyspensę w sobotę lub w niedzielę. To mi pozwala zachować balans i czuć, że cieszę się życiem.

JAK ROZUMIEĆ MOJE PRZEPISY?

1 szklanka ma klasyczną pojemność 250 ml. Są w sprzedaży specjalne kubki o tej pojemności, z podziałkami, przeznaczone do odmierzania porcji składników.
1 łyżka – chodzi o klasyczną łyżkę stołową.
1 łyżeczka – chodzi o klasyczną łyżeczkę od herbaty. W sprzedaży są specjalne łyżeczki-miarki, które warto mieć w swojej kuchni.
W kuchni niezbędna jest **waga**. Najwygodniejsze, najbardziej precyzyjne i najbardziej praktyczne są nowoczesne wagi elektroniczne.
Do wyrabiania ciasta – i nie tylko – używam klasycznego **miksera** z dużym pojemnikiem-miską i trzema rodzajami mieszadeł – do ubijania piany, do ucierania ciast i haka do ugniatania chleba.
Jajka – zawsze kupuję jajka pochodzące od „szczęśliwych" kur z wolnego wybiegu, najlepiej bezpośrednio od hodowcy. Jeśli nie mam takiej możliwości, to kupuję jajka oznaczone cyfrą 0 – do jedzenia, i 1 – do pieczenia (0 są drogie).
Masło – nigdy nie używam margaryny, ale prawdziwego, dobrego masła, szczególnie do wypieków. Uważam, że tylko w ten sposób mogę mieć pewność, że ciasto będzie naprawdę smaczne.
Skórka pomarańczy i skórka cytryny – najlepiej jest używać cytrusów niewoskowanych, bez chemicznych oprysków. Mimo to kupienie ich jest u nas praktycznie niemożliwe. Dlatego przed przystąpieniem do gotowania owoce trzeba wymoczyć w mieszance wody z sodą oczyszczoną, następnie sparzyć je wrzątkiem i dokładnie wyszorować szczoteczką.
Gdy piszę 1 **cukier waniliowy**, chodzi o klasyczną porcję, czyli 16 g. Używam cukru waniliowego bez chemicznych dodatków. W prosty sposób można zrobić go w domu (przepis na stronie 244). Gotowy cukier waniliowy bez chemicznych dodatków można też kupić w niektórych sklepach ze zdrową żywnością lub zamówić przez internet.
Proszek do pieczenia – ten ogólnie dostępny w sprzedaży zawiera fosforany, które nie są dla nas zdrowe. Dlatego najlepiej jest kupować proszek do pieczenia bio, bez fosforanów. Jest trochę droższy, ale można go kupić w bardzo przyzwoitej cenie przez internet.

SEKRETY MOICH CIAST

Chętnie się nimi dzielę, ponieważ właśnie tego nauczyła mnie moja cudowna mama. Zawsze z ochotą dzieliła się tajemnicami swojej doskonałej kuchni. Zawdzięczam jej wszystko, co umiem, jeśli chodzi o domowe wypieki. Dziękuję, mamo!

Kandyzowana skórka pomarańczy

Można oczywiście kupić gotową, ale skórka pomarańczowa własnej roboty jest zdecydowanie smaczniejsza i bardziej aromatyczna. Taką zawsze robiła i robi moja mama, a teraz również ja. Dodaję ją do serników, babek, ciast ucieranych, a także posypuję nią wypieki lukrowane. Przygotowuję jej większą ilość, a potem przechowuję w lodówce w szczelnie zamkniętym słoiczku.

SKŁADNIKI

5 pomarańczy
1 i ½ szklanki cukru
1 i ½ szklanki wody

WYKONANIE

Pomarańcze wymocz w wodzie z dodatkiem sody oczyszczonej, następnie sparz wrzątkiem, dokładanie wyszoruj szczoteczką i opłucz. Trzeba to zrobić, aby pozbyć się szkodliwych substancji, którymi spryskuje się owoce podczas transportu.
Następnie obierz pomarańczę ze skórki w taki sposób, by pozostało na niej jak najmniej białej warstwy, która jest gorzka. Jeśli skórka jest gruba (istnieje wiele gatunków pomarańczy, które różnią się między sobą również grubością skórki), wtarto jest ściąć lub zeskrobać białą część.
Potnij skórkę na małe kawałki (drobną kostkę) ręcznie lub przy użyciu jakiegoś mechanicznego urządzenia. W tym drugim przypadku należy jednak uważać, by skórki nie posiekać zbyt drobno!
Pokrojoną skórkę wrzuć do garnuszka (najlepiej o grubym dnie), zalej wrzątkiem, dodaj cukier i gotuj bez przykrycia na bardzo wolnym ogniu, od czasu do czasu mieszając, przez co najmniej 30 minut.
Tak przygotowaną skórkę można przechowywać w lodówce w szczelnie zamykanym słoiczku.

Cukier waniliowy własnej roboty

Gotowy cukier, który można kupić w supermarketach, powszechnie nazywamy cukrem waniliowym, jest w istocie cukrem wanilinowym (taką też ma nazwę) i zawiera spore ilości dodatków chemicznych. Wanilina to nie to samo co wanilia.

Bardzo łatwo można zrobić samemu prawdziwy cukier waniliowy. W szczelnie zamykanym słoiczku umieszczam laskę wanilii (najlepiej burbongaurmet) przekrojoną wzdłuż (razem z czarnymi ziarenkami) i wsypuję ½ kg miałkiego cukru. Słoikiem wstrząsam przynajmniej raz dziennie. Cukier waniliowy jest gotowy już po tygodniu.

Rodzynki macerowane w rumie

Moja mama nauczyła mnie, że taki sekretny dodatek do ciast zawsze trzeba mieć pod ręką. Obiecuję, że czyni cuda. Ciasta z takimi rodzynkami smakują wybornie!

Robi się je bardzo prosto: do szczelnie zamykanego słoika wsypuję opłukane i wysuszone rodzynki, a następnie zalewam je aromatycznym, ciemnym rumem. Szczelnie zakręcam i przechowuję je w ciemnym miejscu (w kuchennej szufladzie lub na półce) i dodaję po jednej łyżce do ciast, razem z odrobiną rumu, który dzięki macerowaniu w nim rodzynek stał się słodki i jeszcze bardziej aromatyczny. Alkohol ulatnia się w wysokiej temperaturze podczas pieczenia. Radzę jednak zachować ostrożność, używając takich rodzynek bez pieczenia, na przykład do tortów (do kremów, jako posypka), ponieważ stężenie alkoholu jest w nich naprawdę wysokie.

Przyprawa korzenna własnej roboty

Od chwili, gdy po raz pierwszy przeczytałam w sklepie na opakowaniu skład gotowej przyprawy korzennej, robię ją sama. Moja nie tylko jest oryginalna i bardziej aromatyczna, ale również wolna od dodatków chemicznych. Przechowuję ją w szczelnie zamykanym słoiku i dodaję do ciast, ciastek, pierników, a nawet napojów rozgrzewających, owsianki lub kaszy jaglanej. I mam wielką frajdę, że sama ją zrobiłam!

SKŁADNIKI

50 g kory cynamonu
40 g ziaren zielonego kardamonu
15 g goździków
10 g ziela angielskiego
10 g ziaren kolendry
15 g suszonego imbiru (może być od razu mielony)
10 g tartej gałki muszkatołowej
opcjonalnie 5 g czarnego pieprzu

WYKONANIE

Wszystkie składniki mielę w elektrycznym młynku do kawy (mam specjalnie w tym celu kupiony młynek, w którym mielę wyłącznie przyprawy, migdały, siemię lniane, orzechy lub pestki). Oczywiście można wszystkie przyprawy zmiażdżyć w moździerzu, ale jest to bardzo ciężka praca, odpowiednia raczej dla silnego mężczyzny, który ma dużo wolnego czasu.

Est

CRUMBLE

To najprostszy deser z owoców z kruszonką (ang. crumble *oznacza kruszonkę). Piekę go zawsze, gdy jest sezon na owoce. Owoce miękną i rozpływają się podczas pieczenia, a kruszonka staje się chrupiąca. Idealne połączenie.*

Crumble z czarnymi jagodami i migdałami

SKŁADNIKI

½ kg jagód
100 g mąki pszennej lub owsianej
75 g białego cukru
60 g mielonych migdałów bez skórki
70 g płatków migdałów
75 g zimnego masła pokrojonego w kostkę
garść cukru trzcinowego
1 łyżka skórki drobno startej z dobrze wyszorowanej i sparzonej cytryny
opcjonalnie lody waniliowe oraz listki świeżej mięty

WYKONANIE

Jagody dokładnie umyj i osusz. Rozgrzej piekarnik do 200°C.
Mąkę, masło i mielone migdały włóż do miski i pokrusz palcami. Następnie dodaj biały cukier oraz płatki migdałów i całość rozkrusz palcami. Powinna powstać kruszonka. Szklane naczynie do pieczenia wysmaruj masłem, wsyp osuszone jagody, dodaj garść brązowego cukru oraz skórkę z cytryny i delikatnie wymieszaj palcami. Na wierzch owoców równomiernie wyłóż kruszonkę. Piecz 30 minut, aż kruszonka pięknie się zarumieni.
Podawaj lekko ciepłą, na przykład z lodami waniliowymi, a w wersji *light* z gęstym jogurtem naturalnym.

Crumble z morelami, świeżym tymiankiem i melisą

SKŁADNIKI

900 g moreli bez pestek pokrojonych na ćwiartki
140 g zimnego masła pokrojonego w kostkę
150 g mąki pszennej lub owsianej
60 g mielonych migdałów
50 g płatków owsianych
60 g płatków migdałowych
140 g cukru trzcinowego plus mała garść cukru do wymieszania z owocami
garść rodzynek
posiekane listki świeżego tymianku cytrynowego i melisy
opcjonalnie cynamon do posypania z wierzchu

WYKONANIE

Rozgrzej piekarnik do 200°C. Mąkę, masło i mielone migdały włóż do miski i pokrusz palcami. Następnie dodaj biały cukier, płatki migdałów oraz płatki owsiane i całość ponownie rozkrusz palcami. Powstanie kruszonka. Szklane naczynie do pieczenia wysmaruj masłem, wsyp morele wymieszane z rodzynkami, tymiankiem i melisą, dodaj garść brązowego cukru i delikatnie wymieszaj palcami. Na wierzch owoców równomiernie wyłóż kruszonkę. Piecz 30 minut, aż kruszonka się zarumieni.
Podawaj lekko ciepłą, na przykład z lodami waniliowymi, a w wersji *light* z gęstym jogurtem naturalnym.

Crumble z ananasem i kokosem

SKŁADNIKI

1 duży ananas obrany, pozbawiony twardego środka i pokrojony na kawałki
1 łyżeczka cynamonu
opcjonalnie 1 łyżeczka rumu
sok wyciśnięty z ½ cytryny
kruszonka
150 g mąki pszennej lub owsianej
150 g zimnego masła
szczypta soli morskiej
25–30 g wiórków kokosowych
100 g cukru trzcinowego
1 łyżeczka cynamonu

WYKONANIE

Nagrzej piekarnik do 200°C.
Wymieszaj pokrojonego ananasa z cukrem, cynamonem i rumem.
W misce wymieszaj mąkę ze szczyptą soli, dodaj masło pokrojone w kostkę (około 1 cm) i ręką rozkrusz na konsystencję grubego „żwiru", a następnie dodaj cukier i wiórki kokosowe, po czym szybko powtórz tę czynność.
Wyłóż ananasa do naczynia żaroodpornego, posyp kruszonką i piecz około 25–30 minut, aż kruszonka pięknie się zarumieni.
Po nałożeniu do miseczek lub na talerzyki warto całość lekko skropić sokiem z cytryny, co podkreśli smak ananasa, nadając deserowi wyrazistości.
Można podawać z lodami waniliowymi, sorbetem cytrynowym lub łyżką gęstego jogurtu naturalnego. Całość doskonale uzupełniają listki świeżej mięty.

Ciasto z rabarbarem i cynamonem

Ten przepis przywiozłam z podróży po Ameryce Południowej i zadomowił się u nas na dobre. Często piekę to ciasto, bo jest bardzo łatwe i szybkie w wykonaniu, a przede wszystkim naprawdę przepyszne. Jeśli nie mam rabarbaru, dodaję śliwki, jabłka lub gruszki.

SKŁADNIKI

60 g masła
380 g cukru trzcinowego
1 cukier waniliowy (16 g)
2 jajka od „szczęśliwych" kur
300 g mąki pszennej
1 łyżeczka sody oczyszczonej
1 płaska łyżeczka cynamonu
500 g rabarbaru obranego i pokrojonego w kawałki (około 2 cm)
skórka starta z 1 dobrze wyszorowanej i sparzonej cytryny
200 ml kwaśnej śmietany

na wierzch ciasta:
2 łyżki grubego cukru trzcinowego
szczypta cynamonu

WYKONANIE

Piekarnik nagrzej do 180°C.
Wysmaruj masłem okrągłą foremkę o średnicy 22 cm.
Miękkie masło utrzyj z cukrem i cukrem waniliowym. Ciągle mieszając, dodawaj po jednym jajku. Wmieszaj w to mąkę, sodę i cynamon, a potem śmietanę i skórkę cytryny.
Następnie dodaj do ciasta kawałki rabarbaru i całość dokładnie wymieszaj.
Piecz przez 70–75 minut. Jeśli podczas pieczenia ciasto z wierzchu stanie się ciemne, to przykryj je folią aluminiową i dalej piecz w tej samej temperaturze.

Ciasto ucierane z wiśniami

To również jedno z naszych ulubionych ciast – szybkie w wykonaniu i bardzo smaczne. Dodaję do niego różne owoce sezonowe: śliwki, rabarbar, jagody, gruszki, czarne porzeczki, a nawet agrest.

SKŁADNIKI

½ kg wiśni bez pestek, odsączonych z soku
250 g masła
1 szklanka cukru
3 jajka od „szczęśliwych" kur
1 cukier waniliowy
2 szklanki mąki pszennej
2 łyżeczki proszku do pieczenia (bez fosforanów)
1 łyżka rumu

na wierzch:
½ łyżeczki cynamonu
2 łyżki płatków migdałów
cukier puder do posypania

WYKONANIE

Piekarnik nagrzej do 180°C.
Podłużną formę do pieczenia (klasyczną keksówkę) nasmaruj masłem i lekko wysyp bułką tartą.
Masło utrzyj z cukrem i cukrem waniliowym, a następnie dodawaj po jednym jajku. Stopniowo dodawaj mąkę wymieszaną z proszkiem do pieczenia.
Ciasto wylej do foremki i równomiernie posyp z wierzchu wiśniami, cynamonem i płatkami migdałów (można też wmieszać w nie owoce).
Piecz około 50 minut, a po upływie tego czasu sprawdź specjalnym patyczkiem, czy ciasto w środku jest suche. Jeśli nie, piecz dalej. Po ostygnięciu lekko posyp cukrem pudrem.

Ciasto z jabłkami i grubo siekanymi orzechami włoskimi

To ciasto jest dla mnie wspomnieniem sadu i jesieni na wsi. Siedzimy pod lipami, które przy każdym podmuchu wiatru gubią liście. Barwne konfetti wokół nas... Jest jak w filmie. Rozproszone światło jesieni. Ciepła herbata w kubkach. Pieczenie ciast jest dzieleniem się kawałkiem siebie.

SKŁADNIKI

400 g jabłek obranych i startych na tarce
150 g cukru trzcinowego, 1 cukier waniliowy (16 g)
150 g miękkiego masła, 2 jajka od „szczęśliwych" kur
120 g mąki pszennej, 60 g grubo posiekanych i lekko uprażonych orzechów włoskich
1 łyżeczka proszku do pieczenia (bez fosforanów)
1 łyżeczka sody oczyszczonej, 1 łyżeczka cynamonu, szczypta soli morskiej

na wierzch:
1 łyżka grubego cukru trzcinowego
15 g nieprażonych orzechów włoskich, 1 łyżeczka cynamonu

opcjonalnie 20 g prażonych orzechów włoskich do przybrania gotowego ciasta na talerzykach oraz bita śmietana

WYKONANIE

Rozgrzej piekarnik na 180°C.
Grubo wysmaruj masłem blachę do pieczenia o wymiarach 11x30cm (klasyczna keksówka). Możesz dodatkowo lekko wysypać ją bułką tartą.
Utrzyj dokładnie miękkie masło z cukrem. Dodaj jajka i utrzyj na gładko. Dodaj mąkę, proszek do pieczenia, sodę, cukier waniliowy, kardamon, cynamon oraz szczyptę soli. Dobrze wymieszaj. Następnie dodaj jabłka oraz posiekane orzechy i ponownie całość wymieszaj.
Przełóż na blachę, wygładź wierzch ciasta i ułóż na nim orzechy, a następnie posyp cukrem trzcinowym i cynamonem.
Wstaw do piekarnika. Po 30 minutach sprawdź, czy wierzch ciasta nie jest mocno brązowy. Jeśli tak (a prawdopodobnie będzie), przykryj wierzch ciasta folią aluminiową i kontynuuj pieczenie przez kolejnych co najmniej 30 minut. Po upływie tego czasu sprawdź suchym patyczkiem, czy ciasto jest wewnątrz upieczone. Jeśli nie, kontynuuj pieczenie do momentu, aż włożony w środek ciasta patyczek będzie czysty.
Można jeść po ostygnięciu lub jeszcze lekko ciepłe. Wtedy się rozpadnie – ale to nie szkodzi! Można je włożyć do miseczki i zjeść łyżką. Ja właśnie tak lubię najbardziej.
Pyszne z bitą śmietaną. Dodatkowo można posypać prażonymi orzechami włoskimi.

VOGU

Sernik lekki i aksamitny

A to mój domowy, najszybszy i najpyszniejszy sernik. Bez spodu. Bardzo często go piekę, ponieważ stale ktoś z domowników i przyjaciół się o niego upomina. Oczywiście najlepszy jest zrobiony z dobrego, prawdziwego, tłustego i wilgotnego twarogu kupionego na targu, ale jeśli takiego akurat nie mamy, to upieczony z twarogu ze sklepu również będzie świetny. Ten sernik po prostu jest bardzo smaczny! Lekki, aromatyczny, wilgotny, aksamitny, dosłownie rozpływa się w ustach.

SKŁADNIKI

1 kg białego, tłustego sera, dobrze zmielonego
1 szklanka cukru
1 cukier waniliowy (16 g)
8 jajek od „szczęśliwych" kur
2 łyżki miękkiego masła
250 ml śmietanki kremówki
sok wyciśnięty z 1 cytryny
1 łyżka skórki starej z dobrze wyszorowanej i sparzonej cytryny
1 łyżka kandyzowanej skórki pomarańczowej
2 łyżki kaszy manny
60 g rodzynek namoczonych w rumie
opcjonalnie garść płatków migdałów (jeśli lubimy je w serniku)
opcjonalnie kilka kropli naturalnego aromatu migdałowego

WYKONANIE

Piekarnik nagrzej do 170°C (góra i dół bez termoobiegu).
Ser utrzyj z cukrem, jajkami (całymi), masłem, śmietaną i cukrem waniliowym. Dodaj sok z cytryny, a na końcu skórkę cytrynową i pomarańczową oraz bakalie. Nie ucieraj zbyt długo, aby jajek nie napowietrzyć. W przeciwnym razie masa serowa urośnie, a potem opadnie i popęka, co niestety często mi się zdarza, gdy się zamyślę i ucieram bez potrzeby za długo…
Masę serową wyłóż na posmarowaną masłem formę do pieczenia ciast. Piecz około 60 minut.
Sernik możesz posypać z wierzchu cukrem pudrem, ozdobić lukrem (na przykład z przepisu na babkę mojej mamy, strona 275), masą czekoladową, kawałkami świeżych truskawek lub listkami świeżej mięty.

Ciasto z całych pomarańczy, bez grama mąki

Jeden z moich najbardziej oryginalnych przepisów. Pochodzi z Australii, dostałam go od mojej koleżanki, dla której zdrowe odżywianie jest najważniejsze. Bazą ciasta są całe, długo gotowane pomarańcze. Nie mogłam się doczekać, żeby go spróbować. Okazało się po prostu pyszne!

SKŁADNIKI

2 dojrzałe niewoskowane pomarańcze*
3 duże jajka od „szczęśliwych" kur
250 g ksylitolu lub cukru
350 g mielonych migdałów bez skórek**
1 łyżeczka proszku do pieczenia (bez fosforanów)

WYKONANIE

Umyte i dobrze wyszorowane pomarańcze włóż do garnka, zalej zimną wodą, przykryj pokrywką i doprowadź do wrzenia, a następnie gotuj na wolnym ogniu przez 1 godzinę. Wylej wodę, osusz ugotowane pomarańcze i lekko je ostudź.
Piekarnik nagrzej do 170°C .
Okrągłą formę do pieczenia o średnicy 22 cm dokładnie wysmaruj masłem.
Całe pomarańcze razem ze skórką zmiksuj blenderem na papkę.
Zmieszaj dokładnie masę pomarańczową, jajka, cukier, mielone migdały i proszek do pieczenia.
Wyłóż ciasto na blachę i piecz przez 1 godzinę lub dłużej, jeśli po upływie godziny patyczek wbity w środek ciasta nadal będzie wilgotny.
Po upieczeniu pozostaw w formie do wystygnięcia.
Podawaj ciasto samo, z lodami waniliowymi lub naturalnym gęstym jogurtem greckim, z listkami świeżej mięty.

** Bardzo trudno kupić je w Polsce, więc jeśli nie masz do nich dostępu, to sparz pomarańcze wrzątkiem i dobrze wyszoruj skórkę szczoteczką.*
*** Migdały mielę w młynku, takim jak do mielenia kawy.*

Ciasto pomarańczowe nasączane

Kiedy kilka lat temu upiekłam je po raz pierwszy, w niedzielne popołudnie usiedliśmy do stołu we trójkę (Michał, Robert i ja) i po prostu je zjedliśmy. Całe. Nie mogliśmy się temu nadziwić. Rozmawialiśmy, każdy dokładał sobie po kawałku, aż tu nagle ciasta nie ma! Następnym razem byliśmy już bardziej ostrożni...

SKŁADNIKI

80 g kaszy manny
100 g mąki pszennej
70 g cukru
4 jajka od „szczęśliwych" kur
1 dobrze wyszorowana i sparzona pomarańcza
sok wyciśnięty z 3 dużych pomarańczy
syrop do nasączenia
½ szklanki świeżo wyciśniętego soku z pomarańczy
sok wyciśnięty z 1 cytryny
70 g cukru

WYKONANIE

Piekarnik nagrzej do 190°C.
Okrągłą formę do pieczenia o średnicy 28 cm natłuść masłem i wysyp odrobiną tartej bułki.
Pomarańcze porządnie umyj, sparz wrzątkiem i wyszoruj szczoteczką. Na tarce o drobnych oczkach zetrzyj skórkę (bez gorzkiej, białej warstwy).
Żółtka utrzyj z cukrem. Dodaj kaszę mannę, skórkę pomarańczy i sok z pomarańczy. Wymieszaj i odstaw na 10 minut.
Białka ubij na sztywną pianę z dodatkiem szczypty soli. Do masy żółtkowej dodaj pianę, całość z wierzchu posyp mąką i wszystko delikatnie wymieszaj. Przełóż ciasto do formy i piecz około 30 minut.
W tym czasie przygotuj syrop do nasączenia: zagotuj sok z pomarańczy i cytryny z cukrem. Gotuj na małym ogniu tak długo, aż powstanie syrop. Nie powinien być zbyt gęsty, by mógł wniknąć w ciasto.
Po upieczeniu odstaw ciasto na 10 minut, a gdy lekko odparuje i przestygnie, polej je ciepłym syropem (możesz zrobić koniuszkiem widelca małe nakłucia na wierzchu) i odczekaj, aż całkowicie go wchłonie.

FOCUS ON FABRICS
AUGUST 2012
VOGUE
Condé Nast Verlag
GRAND

Ciasto z cukinii

Zapewne wiele osób zdziwi pomysł pieczenia ciasta z cukinii, ale zapewniam, że jest przepyszne! Jak wcześniej wspomniałam, przepis podyktowała mojej mamie jej koleżanka, która mieszka w USA. Przemierzył już pół świata i... jest tego wart. Od siebie dodałam trochę nowych składników. Mój syn się śmieje, że ja muszę stuningować (podrasować) każdy przepis. Coś w tym jest!

SKŁADNIKI

2 szklanki cukinii starej na tarce o drobnych oczkach (należy odcisnąć sok!)
2 i ½ szklanki mąki pszennej
3 jajka od „szczęśliwych" kur
80 g rodzynek
1 szklanka cukru
1 szklanka oleju z pestek winogron lub oliwy z oliwek
1 łyżeczka proszku do pieczenia (bez fosforanów)
1 łyżeczka sody oczyszczonej
1 płaska łyżeczka soli morskiej
1 łyżeczka cynamonu
2 łyżeczki przyprawy korzennej do piernika
bakalie: 1 łyżka kandyzowanej skórki pomarańczowej, garść grubo siekanych orzechów laskowych, garść płatków migdałowych

WYKONANIE

Piekarnik nagrzej do 190°C .
Wysmaruj masłem formę do pieczenia (na przykład keksówkę).
Utrzyj olej z cukrem, dodaj pozostałe składniki, a na końcu wmieszaj cukinię, rodzynki i bakalie.
Wylej ciasto do brytfanki i piecz około 50 minut, aż stanie się złociste.

Słodka tarta z pieczonej dyni z pomarańczą, cynamonem i migdałową posypką

Dynie są prawdziwą ozdobą ogrodu – ze swoimi żółtymi kwiatami i wielkimi liśćmi, pod którymi ukrywają się różnej wielkości kule: pomarańczowe, żółte i zielonkawe. Przynoszę je do domu w koszach i układam na stole i parapetach. Przyglądam się im, podziwiam kształty i barwy. Cieszą mnie i inspirują – czasem do upieczenia takiej właśnie przepysznej tarty…

SKŁADNIKI

150 g mąki pszennej, 50 g cukru pudru
100 g masła, 1 żółtko, 1 łyżka śmietany

nadzienie:
700 g pokrojonej na kawałki dyni oczyszczonej z pestek i skóry
2 jajka od „szczęśliwych" kur
140 g cukru, 120 ml śmietanki kremówki

1 łyżka skórki startej z dobrze wyszorowanej i sparzonej pomarańczy
1 łyżeczka cynamonu, ½ łyżeczki suszonego imbiru
2 łyżki soku z cytryny

posypka:
¼ szklanki lekko uprażonych migdałów (lub orzechów włoskich)
1 łyżka cukru trzcinowego, ½ łyżeczki cynamonu

WYKONANIE

Składniki na kruche ciasto zagnieć szybko zimnymi dłońmi, utwórz z niego kulę i włóż na 30 minut do lodówki.
Piekarnik nagrzej do 200°C . Wyłóż ciasto na farmę do pieczenia tart (dobrze wysmarowaną masłem), całość ponakłuwaj równomiernie widelcem (aby ciasto nie wybrzuszyło się podczas pieczenia) i upiecz na złoty kolor (trzymaj w piekarniku przez mniej więcej 20 minut).
Dynię upiecz do miękkości w naczyniu żaroodpornym z pokrywką (piekarnik nagrzej do 180°C i piecz około 50 minut). Gdy ostygnie, zmiksuj blenderem na gęste purée.
Jajka i cukier utrzyj dokładnie, aż staną się jasne i puszyste. Dodaj purée z dyni i pozostałe składniki. Dokładnie wymieszaj i wylej na upieczone kruche ciasto. Piecz w piekarniku nagrzanym do 180°C przez 30 minut.
Wszystkie składniki posypki zmieszaj ze sobą blenderem. Posyp nimi ciasto.
Możesz podać z gałką lodów waniliowych.

Babka piaskowa cytrynowa

To ciasto piekę najczęściej. Od zawsze uwielbiają je Michał i mój mąż. Najlepsze ciasto piaskowe na świecie! Jestem tego pewna. Wilgotne, lekkie, aromatyczne. Skromne, proste, a takie pyszne.
Jest super szybkie w przygotowaniu – idealne do filiżanki herbaty dla nagłych gości. Wystarczy je utrzeć, wstawić do piekarnika i już się zaczyna magia. Pachnie! A jak smakuje! Wszyscy są zachwyceni.

SKŁADNIKI

250 g mąki pszennej
250 g masła
250 g cukru pudru
4 jajka od „szczęśliwych" kur
1 łyżka cukru waniliowego
1 cytryna – wyciśnięty sok oraz skórka starta ze sparzonego i dobrze wyszorowanego owocu
10 g proszku do pieczenia (bez fosforanów)
1 łyżka kandyzowanej skórki pomarańczowej
szczypta soli morskiej

WYKONANIE

Nagrzej piekarnik do 180°C.
W mikserze ubij białka na sztywną pianę z dodatkiem szczypty soli. Przełóż do innej miski.
Utrzyj masło z żółtkami, a następnie dodaj cukier puder, cukier waniliowy, sok wyciśnięty z cytryny, skórkę otartą z cytryny oraz skórkę pomarańczową. Wsyp mąkę i wymieszaj.
Ostrożnie dodaj ubitą pianę i całość delikatnie wymieszaj.
Przełóż masę do dobrze wysmarowanej masłem, podłużnej foremki (keksowej) i piecz 1 godzinę. Przed wyjęciem z piekarnika sprawdź specjalnym patyczkiem, czy wewnątrz ciasto już jest suche.
W innych wariantach do ciasta można dodać 50 ml rumu, 100 g zmielonych migdałów, 150 g rodzynek, a zimą 20 g korzennej przyprawy do pierników.

Babka ucierana z migdałami i kawałkami gorzkiej czekolady

Przepis na to ciasto pochodzi w górzystej części francuskich Alp. Często piekę je zimą. Już sam jego zapach otula, poprawia nastrój... a gorzka czekolada i migdały dodają mu wykwintnego smaku.

SKŁADNIKI

250 g mąki pszennej
225 g masła
120 g cukru
1 cukier waniliowy
5 rozkłóconych jajek od „szczęśliwych" kur
100 g gorzkiej czekolady w kawałkach
150 g drobno mielonych migdałów bez skórek
1 łyżeczka proszku do pieczenia (bez fosforanów)
kilka kropli naturalnego aromatu z migdałów

WYKONANIE

Piekarnik nagrzej do 180°C (góra i dół).
Formę do pieczenia babek z „kominem" dokładnie wysmaruj masłem i wysyp odrobiną bułki tartej.
W makutrze lub w mikserze utrzyj do białości masło z cukrem i stopniowo dodawaj rozkłócone jajka na przemian z mąką wymieszaną z proszkiem do pieczenia. Następnie delikatnie wmieszaj aromat migdałowy, mielone migdały, a końcu kawałki czekolady.
Ciasto wyłóż do formy i piecz 60 minut, a następnie zrób próbę specjalnym patyczkiem, delikatnie wbijając go w środek ciasta. Jeśli po wyjęciu będzie suchy, oznacza to, że ciasto jest już gotowe, jeśli wilgotny – kontynuuj pieczenie.
Po upieczeniu ciasto należy przestudzić i ostrożnie wyjąć z formy. Przed podaniem można posypać cukrem pudrem.

Babka drożdżowa mojej mamy (trzygodzinna)

Skoro udała się mojemu mężowi, to uda się chyba każdemu! Robert nie piecze ciast, to moja domena. Tę babkę upiekł jednak na święta Wielkanocne, tuż przed narodzinami naszej Helenki. W związku z zaawansowaną ciążą z trudem się poruszałam. Robert postanowił, że w takim razie sam upiecze świąteczne babki. Próbował różnych przepisów z internetu, nic mu jednak nie wychodziło. Bardzo już sfrustrowany zadzwonił wreszcie do mojej mamy z prośbą o pomoc. Dostał ten przepis i dopiero wtedy upiekł dwie przecudowne, idealne babki.
To jest najlepszy przepis na ciasto drożdżowe, które nie musi mieć formy babki. Można upiec płaskie ciasto i dodać do niego sezonowe owoce lub kruszonkę.

SKŁADNIKI (przepis na 2 duże babki)

100 g świeżych drożdży (3 opakowania drożdży suszonych), 1 szklanka cukru
8 żółtek z jajek od „szczęśliwych" kur, 1 i ½ szklanki lekko ciepłego mleka
200 g masła, 1 kg mąki pszennej, 1 cukier waniliowy
1 kieliszek rumu, skórka otarta z 1 dobrze wyszorowanej i sparzonej cytryny
skórka pomarańczowa kandyzowana, garść rodzynek, szczypta soli morskiej

lukier:
½ kg cukru pudru, sok wyciśnięty z 1 cytryny
skórka starta z dobrze wyszorowanej i sparzonej pomarańczy
skórka kandyzowana do ozdoby

WYKONANIE

Cukier i żółtka wymieszaj na kogel-mogel. Masło rozpuść w ciepłym mleku.
W dużej misce drożdże zalej mlekiem z masłem, dodaj wszystkie składniki i bez mieszania przykryj bawełnianą lub lnianą ściereczką. Odstaw w ciepłe i spokojne miejsce na 3 godziny.
Wyrób ciasto i zostaw pod przykryciem na 30 minut, żeby urosło.
Następnie przełóż do wysmarowanych masłem foremek i odstaw na 20–30 minut, by ponownie wyrosło.
Nagrzej piekarnik do 180°C i piecz przez mniej więcej 1 godzinę.
Teraz czas na lukier. Do cukru pudru dodawaj stopniowo sok z cytryny i ucieraj. Każda cytryna ma inną wielkość, więc należy dodać taką ilość soku, by otrzymać lukier dosyć gęsty, jednak taki w konsystencji, by ładnie rozprowadził się po cieście. Na koniec dodaj skórkę otartą z pomarańczy i skórkę kandyzowaną. Gdy babki będą upieczone i trochę przestygną, możesz je polukrować.

Brownie z migdałami… prawdziwa rozkosz

Czekoladowe szaleństwo! Moim zdaniem to najlepsze brownie, jakie istnieje. Piekę je już od wielu lat i nigdy nie jadłam smaczniejszego. Ciasto musi być mięciutkie i wilgotne, więc trzeba uważać, aby nie przetrzymać go w piekarniku, bo stanie się suche. Można je dosyć długo przechowywać czas w suchym, szczelnie zamykanym pojemniku i podawać po małym kawałku (jest bardzo słodkie).

SKŁADNIKI

300 g dobrej gorzkiej czekolady (co najmniej 60 procent kakao)
100 g białej czekolady
200 g masła
200 g cukru pudru
3 jajka od „szczęśliwych" kur
2 łyżki ciemnego rumu
75 g mąki pszennej
1 łyżeczka proszku do pieczenia (bez fosforanów)
75 g posiekanych migdałów

WYKONANIE

Nagrzej piekarnik do 190°C.
Wyłóż papierem do pieczenia kwadratową lub podłużną foremkę.
Połam na kawałki gorzką czekoladę i roztop w miseczce umieszczonej na garnuszku z wrzącą wodą. Dodaj pokrojone masło i delikatnie mieszając, rozpuść całość na jednolitą masę.
Zmiksuj jajka z cukrem, używając mieszadła.
Następnie, nie przerywając mieszania, stopniowo dodawaj lekko przestudzoną masę czekoladowo-maślaną oraz rum, a w dalszej kolejności mąkę, migdały oraz grubo posiekane kawałki białej czekolady. Całość przełóż do foremki i piecz około 30 minut.
Po wyjęciu z piekarnika zostaw w foremce do ostudzenia. Następnie pokrój całość na małe kawałki.

Muffinki z jagodami i lukrem pomarańczowym

Świetny przepis na muffinki, który dostałam od przyjaciółki. Od siebie dodałam lukier pomarańczowy. Można je zrobić również bez lukru – tradycyjne muffinki są posypane tylko odrobiną cukru pudru.

SKŁADNIKI (przepis na 14 babeczek)

200 g jagód lub wiśni (mogą być mrożone)
250 g mąki pszennej
150 g cukru
1 duże jajko od „szczęśliwej" kury
1 cukier waniliowy
3 łyżeczki proszku do pieczenia (bez fosforanów)
50 ml (8 łyżek) oleju z pestek winogron
150 g kwaśnej śmietany
szczypta soli morskiej

lukier:
150 g cukru pudru
4 łyżki soku z cytryny
1 łyżka skórki startej ze sparzonej i dobrze wyszorowanej pomarańczy

WYKONANIE

Piekarnik nagrzej do 180°C (góra i dół).
Foremki dobrze natłuść masłem i wysyp bułką tartą, aby babeczki do nich nie przywarły.
Wymieszaj mąkę z proszkiem do pieczenia. Rozkłóć jajko, dodaj szczyptę soli, cukier i cukier waniliowy, olej i śmietanę. Wszystko razem dokładnie wymieszaj, a następnie stopniowo dodawaj mąkę z proszkiem do pieczenia i owoce.
Wyłóż ciasto do foremek (do połowy ich wysokości) i wstaw do nagrzanego piekarnika.
Piecz przez 20–25 minut, a następnie pozostaw jeszcze przez 20 minut w zamkniętym, wyłączonym piekarniku.
W tym czasie połącz ze sobą składniki lukru na jednolitą masę. Po wyjęciu z piekarnika wyjmij babeczki z foremek i jeszcze lekko ciepłe polukruj, a następnie odstaw, by lukier wysechł.

Włoskie ciasteczka cantucci

Przywodzą mi na myśl naszą wspaniałą podróż po Toskanii. Maleńkie renesansowe miasteczko, a w nim prześliczną, romantyczną piekarnię. Jakby czas się cofnął i zatrzymał w najlepszym momencie.
Cantucci to rodzaj klasycznych włoskich ciasteczek, migdałowych sucharków, które Włosi serwują do filiżanki espresso. Gotowe cantuccini można kupić w niektórych polskich sklepach, ale znacznie więcej radości daje upieczenie ich w domu. Zajmuje to trochę czasu, piekę je więc zwykle w soboty, gdy na zewnątrz jest zimno lub pada deszcz. Potem przechowuję je w pięknym pudełku, niezbyt jednak długo, bo szybko znikają.

SKŁADNIKI (przepis na mniej więcej 60 ciasteczek)

200 g migdałów oczyszczonych ze skórek, uprażonych w piekarniku i przestudzonych
3 jajka od „szczęśliwych" kur, 250 g cukru pudru
600 g masła, 400 g mąki pszennej
3 łyżeczki proszku do pieczenia (bez fosforanów), szczypta soli morskiej
skórka starta z dobrze wyszorowanej i sparzonej cytryny
kilka kropli aromatu waniliowego i migdałowego

WYKONANIE

Nagrzej piekarnik do 180°C.
W mikserze połącz żółtka i cukier i przełóż powstałą masę do innej miseczki.
Ubij na sztywno pianę z białek ze szczyptą soli. Stopniowo dodawaj masę z żółtek i cukru, a następnie skórkę otartą z cytryny i zrumienione migdały.
Zamień mieszadło w mikserze na końcówkę do wyrabiania ciasta (na przykład hak), i wyrabiaj ciasto, stopniowo dodając mąkę, proszek do pieczenia i masło.
Wyłóż ciasto na powierzchnię posypaną mąką, podziel całość na 4 równe części i uformuj wałki o średnicy 2 cm i długości około 25 cm, a następnie lekko spłaszcz je dłonią.
Przełóż na płaską blachę do pieczenia wyłożoną papierem do pieczenia i piecz około 15 minut (aż brzegi zaczną się rumienić na złotobrązowo).
Następnie wyjmij je z piekarnika i od razu pokrój po skosie ząbkowanym nożem na plasterki grubości 1 cm.
Ułóż je ciętą stroną, na płasko, ponownie na blasze i piecz mniej więcej 15 minut (aż staną się złocistobrązowe), a następnie odwróć je na drugą stronę i piecz jeszcze około 15 minut.
Zostaw do całkowitego ostygnięcia, po czym przełóż do szczelnie zamykanego naczynia, pudełka lub pojemnika. Możesz je przechowywać nawet przez kilka tygodni. Doskonałe, gdy mamy niespodziewanych gości.
Zamiast migdałów można dodać kawałki pokruszonej gorzkiej czekolady, suszonej żurawiny lub uprażone orzechy laskowe.

Rożki mojej mamy z domowymi powidłami

Kiedyś Robert przywiózł z targu przepyszne rożki z kruchego ciasta z wiśniami. „Przecież ja umiem je robić!", powiedziała moja mama i zaczęła przypominać sobie przepis. Nie mam pojęcia, jak ona to robi – pamięta wszystkie przepisy! Ja – ani jednego, wszystkie muszę skrzętnie zapisywać. Może dlatego to właśnie ja piszę książki kucharskie? Rożki mojej mamy są znakomite! Wszyscy za nimi przepadają.

SKŁADNIKI

30 g masła
30 g zmielonego białego sera twarogowego (nie powinien być zbyt wilgotny, lepszy będzie suchy)
szczypta soli morskiej
mąka pszenna – taka ilość, by zagnieść sprężyste ciasto
kwaśne i bardzo gęste powidła domowej roboty (czarna porzeczka, wiśnia lub śliwka)

WYKONANIE

Nagrzej piekarnik do 190°C.
Przygotuj płaską blachę wyłożoną pergaminem do pieczenia.
Zagnieć kruche ciasto: masło wymieszaj z twarogiem, dodaj mąkę i szczyptę soli. Ugniataj stopniowo, dodając po trochę mąki, aż uzyskasz sprężyste ciasto.
Cienko rozwałkuj je na stolnicy i pokrój na kwadraty o wielkości 5×5 cm.
Na środku każdego ułóż łyżeczką od herbaty po kleksie gęstych powideł i zawiń dwa brzegi do wnętrza. W ten sposób powstaną „rożki". Układaj je na pergaminie jeden obok drugiego.
Piecz przez około 20 minut, aż staną się złociste i chrupiące.
Gdy ostygną, posyp je cukrem pudrem.

Chałwa z sezamu z pestkami słonecznika

Do zrobienia domowej chałwy zachęcił mnie mój syn. Pewnego dnia miał na nią wielką ochotę, ale gdy przeczytał w sklepie skład na opakowaniu, przeszła mu chęć. Po powrocie do domu zmiksował uprażone ziarna sezamu, dodał miód, wszystko wymieszał i zapytał mnie: „Chcesz trochę chałwy?". „Jasne, że chcę!", odpowiedziałam zdumiona. Od tej pory sami robimy swoją własną, najzdrowszą domową chałwę.
Ten klasyczny smakołyk pochodzi z Indii, ale stał się popularny w całej niemal Azji, na Bałkanach i w krajach śródziemnomorskich. Przyrządza się go z pestek sezamu lub słonecznika, z dodatkiem orzechów i migdałów. Można dodawać kakao, różne bakalie oraz aromaty (najbardziej popularna jest wanilia).
Sezam zawiera ogromne ilości wapnia (ziarna sezamu są bogatszym jego źródłem niż mleko krowie), żelazo, magnez, białko, cynk, witaminy E, A i B, przeciwutleniacze, a także sesamol i sesamolinę, które spowalniają procesy starzenia. To świetny i zdrowy słodki przysmak dla dorosłych i dla dzieci.

SKŁADNIKI

300 g ziaren sezamu
około 8 łyżek jasnego płynnego miodu (akacjowego, lipowego lub wielokwiatowego)
3–4 łyżki lekko uprażonych pestek słonecznika

WYKONANIE

Pestki sezamu ostrożnie upraż na suchej patelni, na małym ogniu, często mieszając. Gdy tylko zaczną się złocić, zdejmij patelnię z ognia i przesyp je do innego naczynia. Gdy zupełnie ostygną, partiami zmiksuj je na proszek (ja używam młynka do kawy), a następnie połącz go z miodem. Dodaj pestki słonecznika, wymieszaj i przełóż masę do słoiczków lub foremek. Wstaw je do lodówki, by masa stężała, wtedy będzie można kroić ją nożem na kawałki. Ze słoiczka można wyjadać ją w temperaturze pokojowej łyżeczką.
Ładnie zapakowana doskonale nadaje się na prezent.

Dojrzałe mango, świeże truskawki i listki mięty

To połączenie okazało się wyjątkowo udane. Taką sałatkę zrobiłyśmy sobie na naszym babskim wyjeździe na warsztaty jogi. Zuza kupiła w sklepie indyjskim świeżutkie mango, które dojrzewało na słońcu. Dzień wcześniej przyleciało do Polski prosto z Indii. Ja kupiłam pierwsze polskie truskawki. Mięta rosła w ogrodzie przy domu, w którym nocowałyśmy. Iwona przywiozła ze sobą limonki. Wszystko to połączyłyśmy, i tak właśnie powstał owocowy raj...

SKŁADNIKI (porcja dla 3–4 osób)

3 szklanki dojrzałego mango, obranego i pokrojonego w kostkę
3 szklanki świeżych truskawek, umytych oczyszczonych i pokrojonych w plastry
sok wyciśnięty z ½ limonki lub cytryny
odrobina skórki startej z dobrze wyszorowanej i sparzonej limonki
listki świeżej mięty pokrojone w cieniutkie paseczki

WYKONANIE

Połącz ze sobą wszystkie składniki i polej je sokiem z limonki.
Możesz dodać też trochę cukru: wymieszaj dokładnie cukier puder z sokiem limonki, aż powstanie gładki syrop, i polej nim owoce.
Wstaw na mniej więcej 30 minut do lodówki i podawaj lekko schłodzone.

Tort truskawkowy na pierwsze urodziny Helenki

To był najpyszniejszy tort świata! Tyle w nim było miłości... Zrobiliśmy go z Robertem. Mama i tata razem pieką truskawkowy tort dla swojej ukochanej córeczki...
Helenka przyszła na świat pod koniec kwietnia. Nie jest to jeszcze sezon na truskawki. Do kremu użyliśmy więc truskawek mrożonych – są bardziej dojrzałe, aromatyczne i miękkie niż pierwsze świeże truskawki. Kilka świeżych pokroiliśmy w plastry i ułożyliśmy na wierzchu. Pięknie wyglądały na białym kremie. Tort ozdobiliśmy liskami geranium. Byliśmy z siebie dumni!
Kiedy piekę tort dla bliskich mi, kochanych osób, zawsze proszę anioły o wsparcie, by był to tort najwspanialszy! Podczas pracy myślę o tym, czego im życzę. Uśmiecham się. To działa. Czuję wokół siebie dobro i anielską obecność. Taki tort smakuje najpiękniejszymi uczuciami.

Biszkopt

Najpierw trzeba upiec biszkopt. Ten przepis jest w naszej rodzinie od zawsze. Dostałam go od mamy. Gdy miałam dziesięć lat, po raz pierwszy upiekłam tort właśnie dla niej – na Dzień Matki. Wtedy niestety wyszedł mi zakalec. Ubijałam białka ręczną trzepaczką, więc prawdopodobnie nie zrobiłam tego zbyt dokładnie. Teraz używam elektrycznego mieszadła i zawsze się udaje.

SKŁADNIKI

6 jajek od „szczęśliwych" kur, 1 szklanka cukru
1 szklanka mąki pszennej, szczypta soli morskiej
1 łyżeczka proszku do pieczenia (bez fosforanów)

WYKONANIE

Piekarnik nagrzej do 180°C. Okrągłą formę do pieczenia dobrze natłuść masłem i wysyp odrobiną tartej bułki.
Białka z dodatkiem szczypty soli ubij na sztywną pianę. Zmniejsz obroty miksera i delikatnie dosypuj stopniowo cukier, dodaj żółtka, a następnie mąkę wymieszaną z proszkiem do pieczenia.
Piecz około 30 minut, aż biszkopt stanie się złocisty. Podczas pieczenia nie otwieraj drzwiczek piekarnika, bo opadnie!
Po upieczeniu odstaw biszkopt na bok, aby zupełnie wystygł. Następnie szerokim nożem, bardzo ostrożnie i delikatnie, przekrój dwa razy, tak by otrzymać trzy części (będą przełożone kremem i ułożone piętrami jedna na drugiej).

Krem

Moim zdaniem to najlepszy krem. Jest leciutki, dosłownie rozpływa się w ustach. Robię go dużą ilość, aby się nie martwić, że zabraknie do udekorowania tortu. Jeśli trochę zostanie, przekładam go do zamykanego pojemnika i przechowuję w lodówce. Z dodatkiem owoców lub powideł jest pysznym deserem. Ten krem jest bez dodatku alkoholu.

SKŁADNIKI

1 litr śmietanki kremówki (30 lub 36 procent)
1 i ½ szklanka cukru
500 ml serka mascarpone
1 opakowanie (½ kg) mrożonych truskawek (rozmrożonych i dobrze odsączonych, a następnie drobno rozgniecionych i ponownie odsączonych)
sok z cytryny według uznania
opcjonalnie 2 opakowania miksu do ubijania śmietany*

WYKONANIE

Najpierw ubij zimną śmietanę (dobrze ochłodzoną w lodówce, to ważne!) z 1 szklanką cukru na niezbyt szybkich obrotach (jeśli obroty będą zbyt duże, śmietana się zetnie i rozwarstwi!). Jeśli pomimo starań śmietana się nie ubiła (to zależy od rodzaju i gatunku śmietany, w dzisiejszych czasach bardzo trudno kupić dobrą, „uczciwą" śmietanę), to ciągle, powoli mieszając, dodawaj do niej mix, aż stanie się gęsta. Ubitą śmietanę przełóż do innej miseczki.
Następnie utrzyj w mikserze serek mascarpone z ½ szklanki cukru (nie może być go za dużo!) i stopniowo do serka dodawaj po łyżce bitej śmietany, ciągle mieszając na wolnych obrotach. Dodaj trochę soku z cytryny, tyle, ile twoim zdaniem potrzeba. To jest krem bez alkoholu, więc sok z cytryny jest niezbędny.
Gdy krem jest gotowy, wyjmij ⅔ masy, a do pozostałej ⅓ dodaj dobrze rozgniecione i odsączone truskawki. Wymieszaj. W ten sposób otrzymasz dwa rodzaje kremu.

** Można kupić w naszych sklepach śmietanę kremówkę, która dobrze się ubija, ale ja znam tylko jedną markę, która taką robi. Śmietany pozostałych marek niestety się nie ubijają, pomimo wszelkich starań. Dlatego jedynym wyjściem, by powstał dobry krem, jest, niestety, użycie takiego specjalnego proszku…*

Do nasączenia

1 łyżka czarnej herbaty liściastej (na przykład yunnan)
½ litra wody, sok wyciśnięty z 1 cytryny, 3 łyżki cukru pudru

Nasączenie musi mieć intensywny i dobry smak samo w sobie. Dlatego próbuj go na bieżąco i doprawiaj po swojemu.

oraz
kwaśne powidła domowej roboty – z czarnej porzeczki lub wiśni
świeże, jędrne truskawki do przybrania tortu

Ułożenie tortu

Ułóż pierwszą warstwę biszkoptu, dobrze nasącz, połóż warstwę powideł, na to krem śmietankowy (mniej niż połowa białego kremu).
Delikatnie ułóż następną warstwę biszkoptu, nasącz ją i wyłóż cały krem truskawkowy.
Następnie ułóż ostatnią warstwę biszkoptu, nasącz ją, a cały tort posmaruj pozostałym kremem śmietankowym, na wierzchu i po bokach. Na wierzchu ułóż kawałki truskawek i ozdób tak, jak podpowiada ci serce.

MOJE ULUBIONE NAPOJE

NA ROZGRZANIE LUB ORZEŹWIENIE

Pewnego jesiennego popołudnia odwiedził mnie nasz serdeczny znajomy z sześcioletnim synem. Mały Filip był przemarznięty, kulił się w swojej cienkiej kurtce. Miał oczy tak smutne jak osiołek Kłapołuchy z bajki o Kubusiu Puchatku. Wydawało się, że tego dnia tylko nad nim wiszą ciemne chmury i pada deszcz.
Natychmiast postawiłam na ogniu mleko (miałam tylko sojowe), sięgnęłam po pudełko z prawdziwym, ciemnym i aromatycznym kakao, posłodziłam i powstał pyszny napój! Wlałam go do wysokiego kubka, by Filip mógł ogrzać dłonie, i podałam. Chłopiec powąchał i upił kilka łyków. Na jego twarzy pojawił się uśmiech, oczy mu zajaśniały, cały się rozpromienił... Patrzyłam na Filipa, a ta jego radość udzieliła się wszystkim. Jeden kubek kakao, a tu proszę! Kocham takie chwile.

Kakao w starym stylu

Mam wrażenie, że prawdziwe kakao odeszło trochę w zapomnienie. Gęste, mocne, aromatyczne jest najpyszniejszą, najprawdziwszą i najzdrowszą czekoladą.

SKŁADNIKI (porcja dla 1 osoby)

1 szklanka mleka (może być sojowe, orzechowe, migdałowe lub ryżowe)
1 łyżka prawdziwego, dobrej jakości kakao

2 łyżeczki cukru trzcinowego

WYKONANIE

Mleko zagotuj w małym garnuszku, dodaj kakao, dokładnie zamieszaj i dodaj cukier.
Wymieszaj dokładnie i odczekaj 5 minut.
Wlewaj do kubków przez gęste sitko i od razu podawaj.

Masala chai

Herbatę masala parzyła dla nas Iwona (moja nieoceniona nauczycielka jogi). Podawała ją w małych kubkach, zaraz po zajęciach. To aromatyczny, rozgrzewający, słodki napój. Koił nas. Wszystkie za nim przepadałyśmy i wiele z nas poprosiło Iwonę o przepis.
Masala chai to jeden z najpopularniejszych indyjskich napojów na bazie czarnej herbaty, z mlekiem i przyprawami. Doskonały na chłody. Nie tylko wspaniale rozgrzewa, ale też odpręża, usuwa zmęczenie, a nawet syci.
Trudno określić ilość, a nawet rodzaj używanych przypraw. Warto odwołać się do swoich upodobań. Podaję klasyczny przepis, który może stać się bazą dla dalszych poszukiwań. Cukier można zastąpić miodem. Nie należy jednak rezygnować z dodatku mleka, ponieważ działa osłonowo na układ pokarmowy, co ma istotne znaczenie, gdy używamy tak intensywnych przypraw i mocnego wywaru z czarnej herbaty.

SKŁADNIKI (porcja dla 4 osób)

2 łyżki stołowe czarnej herbaty (np. yunnan)
2 szklanki mleka (może być sojowe, orzechowe, migdałowe lub ryżowe)
4 szklanki wody
2 łyżki stołowe cukru trzcinowego
4 goździki
4 nasiona zielonego kardamonu (można zmiażdżyć, aby zwiększyć intensywność aromatu)
1 laska cynamonu połamana na kawałki
około 3 cm świeżego korzenia imbiru oczyszczonego ze skórki i pokrojonego na kawałki
3–4 ziarna czarnego pieprzu

WYKONANIE

W garnku o grubym dnie wodę doprowadź do wrzenia, dodaj przyprawy i gotuj około 7 minut na małym ogniu.
Wlej mleko, a gdy napój osiągnie temperaturę wrzenia, wsyp herbatę i gotuj na wolnym ogniu jeszcze mniej więcej 2 minuty. Dodaj cukier do smaku. Przed wlaniem do filiżanek przecedzić przez gęste sitko.

Czarna herbata z pomarańczą, cynamonem i imbirem

Idealna na zimowe dni. Bardzo smaczna. Gdy mam w domu wielu gości, robię jej duży garnek. Każdy nalewa sobie napar chochlą. Natychmiast poprawia nastrój. Ogrzewa.

SKŁADNIKI (przepis na duży garnek naparu dla gości)

duża garść czarnej herbaty liściastej (najlepiej yunnan)
kilka kawałków kory cynamonu
8–10 goździków
1 łyżka ziaren zielonego kardamonu
imbir obrany i pokrojony w plastry – z 4 cm korzenia
2 dokładnie wyszorowane i sparzone cytryny
2 dokładnie wyszorowane i sparzone pomarańcze
cukier trzcinowy, jasny miód lub syrop z agawy do posłodzenia

WYKONANIE

W garnku zagotuj wodę z herbatą i przyprawami i podgotuj, aby nabrała mocy i aromatu. Wyciśnij sok z 1 cytryny i 1 pomarańczy. Dodaj go do herbaty. Pokrój w plastry 1 cytrynę i 1 pomarańczę i wrzuć do garnka (by napój nabrał aromatu skórki pomarańczy i cytryny), a na końcu całość posłodź do smaku. Napój podawaj gorący.

Zimna zielona herbata z miętą i melisą

Cudownie orzeźwiająca, doskonała na upały. Zioła i cytryna nadają jej wyjątkowego smaku i aromatu, a antyoksydanty zawarte w zielonej herbacie oczyszczają i odmładzają organizm. I ja w to wierzę!

SKŁADNIKI

1 łyżka zielonej herbaty
około ¾ l wody źródlanej
garść listków świeżej mięty (część należy zostawić do ozdobienia napoju)
garść listków świeżej melisy (część zostawić do ozdobienia napoju)
sok wyciśnięty z 1 cytryny
1 cytryna, dobrze wymyta i sparzona, pokrojona w plastry
2 łyżki jasnego miodu (lipowego lub akacjowego)

WYKONANIE

Zieloną herbatę i zioła zalej 1 szklanką wody o temperaturze 80°C i zaparzaj przez 5 minut. Gdy przestygnie, dodaj miód i wymieszaj. Napar przecedź do dzbanka i uzupełnij pozostałą zimną wodą. Dodaj sok z cytryny, całą cytrynę oraz drugą porcję listków ziół. Można dodać kostki lodu.

TWO PINT